沈潇雯 / 著

"一带一路"
科技创新合作实践、探索与展望

The Practices, Explorations, and Prospects
for Science and Technology Innovation Cooperation
in the Belt and Road Initiative

江苏大学出版社
JIANGSU UNIVERSITY PRESS

镇 江

图书在版编目（CIP）数据

"一带一路"科技创新合作实践、探索与展望 / 沈潇雯著. -- 镇江 ：江苏大学出版社，2025. 2. -- ISBN 978-7-5684-2464-6

Ⅰ. F113.2

中国国家版本馆CIP数据核字第2025FB3451号

"一带一路"科技创新合作实践、探索与展望

"Yi Dai Yi Lu"Keji Chuangxin Hezuo Shijian、Tansuo Yu Zhanwang

著　　者/	沈潇雯
责任编辑/	梁宏宇
出版发行/	江苏大学出版社
地　　址/	江苏省镇江市京口区学府路 301 号（邮编：212013）
电　　话/	0511-84446464（传真）
网　　址/	http：//press. ujs. edu. cn
排　　版/	镇江文苑制版印刷有限责任公司
印　　刷/	江苏凤凰光彩印务有限公司
开　　本/	710 mm×1000 mm　1/16
印　　张/	13.5
字　　数/	220 千字
版　　次/	2025 年 2 月第 1 版
印　　次/	2025 年 2 月第 1 次印刷
书　　号/	ISBN 978-7-5684-2464-6
定　　价/	128.00 元

如有印装质量问题请与本社营销部联系（电话:0511-84440882）

前　言

　　新一轮科技革命和产业变革深入发展，科技创新已成为经济社会发展和推进现代化进程的关键驱动力，以及影响世界百年未有之大变局的重要变量。习近平总书记高度重视国际科技创新合作，亲自擘画发展蓝图，强调坚持科技开放合作造福人类，围绕深入践行构建人类命运共同体理念、推动科技开放合作作出一系列重大部署。

　　十多年来，得益于科学理论的指引、政府与市场的协调配合，以及强大的国家硬实力，我国"一带一路"科技创新合作取得丰硕成果，在机制建设、合作载体、人才培养等领域取得显著成绩。"一带一路"不仅为全球共同发展搭平台、做增量、添动力，还积极推动科技惠民，助力减贫脱贫，提升民生福祉。当前，"一带一路"科技创新合作空间广阔、前景可期，但仍面临一定的风险与障碍。展望未来，要更加主动地融入全球创新网络，抓好支持高质量共建"一带一路"八项行动中的"推动科技创新"具体举措和党的二十届三中全会提出的"继续实施'一带一路'科技创新行动计划"要求的落实落地，从打造良好科技创新合作环境、将海外工程项目作为重要载体等方面持续推进，在科技开放合作中实现共赢。

　　国内外关于国际科技合作的研究成果颇为丰富，但鲜有学者对"一带一路"国际科技合作进行全面系统的研究。系统研究"一带一路"国际科技创新合作实践与模式，可促进中国与共建国家开展多边科技合作，共享科技合作资源与成果。

本书以文献研究、实地调研为基础，系统剖析"一带一路"国际科技创新合作发展现状及存在的问题，详细阐述先进地区典型经验，切实提出推动"一带一路"国际科技创新合作的建议。全书一共七章，主要内容如下：

第一章，导论。对国际科技合作的基本概念和相关理论进行介绍，奠定本书理论基础。本章分析了"一带一路"国际科技合作的战略布局、重要意义，梳理了"一带一路"国际科技合作建设进展，阐述了"一带一路"国际科技合作的主要模式、面临的新形势，初步提出了"一带一路"国际科技合作新对策。

第二章，国内城市"一带一路"国际科技合作典型经验。本章梳理了深圳、青岛、上海、宁波、苏州的"一带一路"国际科技合作实践，在详细分析的基础上提炼出可资借鉴的经验做法。

第三章，"一带一路"倡议下新兴领域国际合作研究。本章结合半导体、生物医药、数字经济三类优势产业出海发展的实践，分析出海机遇与挑战，提出出海对策。

第四章，"一带一路"建设中法律风险的识别与防范。本章重点研究了"一带一路"倡议下跨境并购的法律风险，并追溯了"一带一路"建设中法律风险的根源，提出"一带一路"建设中法律风险的防范对策。

第五章，"一带一路"科技创新合作特色案例研究。本章深入研究了"一带一路"园区发展、海外研发中心建设、企业跨境并购、无锡市与粤港澳大湾区科技创新融合发展，旨在为最后提出对策建议提供事实依据。

第六章，共建"一带一路"国家与地区科技创新资源研究。本章遴选出"一带一路"沿线具有代表性的创新国家和地区，做了深度的科技创新资源梳理，旨在为未来国际科技合作寻找突破点。

第七章，构建"一带一路"国际科技合作新格局。本章畅想了"一带一路"国际科技合作的前景，探索了"一带一路"国际科技合作的原则、未来"一带一路"国际科技合作的新模式与新领域，提出开创"一带一路"国际科技合作新局面的策略。

本书的主要特点有四个。一是战略性，即从宏观、微观两个层面论述了"一带一路"国际科技合作布局与战略定位。二是前瞻性，即对"一带一路"沿线有较大合作潜力的国家的创新资源进行了全面深入的梳理。三是实证性，即对国际科技合作、创新网络建设和"一带一路"园区建设的探讨均以典型产业、组织、城市等为案例，增强了研究的可信度。四是跨学科性，即综合运用了经济学、管理学与法学相关理论。

本书的主要研究方法有三种。一是静态研究与动态研究相结合的研究方法。这既有助于深入研究"一带一路"国际科技合作发展现状，也有助于动态跟踪共建"一带一路"国家的热点与问题，从而提出具有可操作性的科技合作对策。二是理论研究与实际应用相结合的研究方法。一方面，现有的国际贸易理论、管理理论、决策分析理论、高新技术产业化理论还不能全面有效地解决"一带一路"国际科技合作中的各种问题；另一方面，理论既源于实践，又服务和指导实践。三是系统分析的研究方法。"一带一路"国际科技合作涉及技术、经济、社会环境、政策法规、国际关系等因素，是一个极为复杂的系统过程，因而要从系统工程的角度，采用系统分析的方法，进行全方位、多角度的审视，探究"一带一路"国际科技合作的条件、领域、模式、机制及环境等问题。

本书的主要创新点有三个。一是通过案例分析，清晰地论述"一带一路"国际科技合作面临的困境和问题，助力各级政府、决策咨询机构等不同的主体正确认识"一带一路"国际科技合作的层次和水平。二是在关联性分析的基础上，从不同角度深入研究"一带一路"国际科技合作的内在机理，为各级政府、决策咨询机构等不同的主体厘清"一带一路"国际科技合作的发展规律和内在关系提供理论支持。三是在上述研究的基础上，结合当前国际政治经济形势，探索"一带一路"国际科技合作建设路径并给出相关建议。

　　本书获得了无锡市科协决策咨询课题（KX-24-J09）、无锡市法学会课题（WFH2024B18）的支持。江苏省科技情报研究所副所长沈瑾秋博士为本书的编写提供了极大的帮助，无锡市委党校教育长周及真教授参与了书稿的讨论与修改，南京大学外国语学院副院长刘成富教授、江南大学商学院副院长钱吴永教授在本书的撰写过程中给予了宝贵的建议，课题组成员付出了辛勤的汗水，在此一并表示感谢。由于时间和水平有限，书中难免有不足之处，恳请各位读者批评指正。

沈潇雯

2024 年 12 月

目　录

第一章
导　论

"一带一路"倡议作为我国对外开放的重大举措、经济外交的顶层设计、积极参与全球治理体系改革和建设的主动作为，以及推动构建人类命运共同体的实践平台，为国际科技创新合作提供了重要机遇。[1]面对气候变化、公共卫生、粮食安全、消除贫困等全球性发展问题，当今的国际社会比以往任何时候都更需要合作与开放共享，尤其是开展科技创新合作。科技创新作为"一带一路"倡议的重要组成部分，不仅为共建国家提供了新的增长点，也为全球经济的复苏与增长注入了新的活力。[2]

科技创新合作在促进共建国家产业升级、推动经济结构转型、加强区域经济一体化等方面发挥着关键作用，我国一直视科技创新合作为共建"一带一路"重点领域。

2016年10月，《推进"一带一路"建设科技创新合作专项规划》提出，充分发挥科技创新的支撑和引领作用，建设"一带一路"创新共同体。该规划包括七个部分。一是阐述国内外科技创新形势变化及推动"一带一路"科技创新合作的相关需求，分析机遇与挑战。二是提出推进"一带一路"科技创新合作的指导思想；明确"共建共享，互利共赢；以人为本，增进互信；分类施策，聚焦重点；改革创新，内外统筹；政府引领，市场主导"的基本原则；制定用3—5年夯实基础、打开局面的近期战略目标，用10年左右重点突破、实质推进的中期战略目标，到21世纪中叶完成"一带一路"创新共同体的远期战略目标。三是明确重点任务。结合沿线国家科技创新合作需求，提出"密切科技沟通，深化人文交流；加强平台建设，推动技术转移；支撑重大工程建设，促进科技资源互联互通；共建特色园区，鼓励企业创新创业；聚焦共性技术，强化合作研究"5项重点任务。四是明确重点领域。结合共建"一带一路"国家科技发展水平，提出在农业、能源、交通、信息通信、资源、环境、海洋、先进制造、新材料、航空航天、医药健康和防灾减灾12个重点领域优先开展科技创新合作。五是完善体制机制。提出"加强政府间科技创新合作、发挥企业创新主体作用、发挥各地科技创新合作优势、促进协同创新、发挥民间科技组织作用、优化国内政策环境"6点工作设想。六是加大战略投入。提出"加大财政支持力度、提升科技援外水平、强化人才支撑、加强战略研究、深化科技金融合作"5点建议。七是加强组织实施。提出"强化组织领导、加强分工协作，抓好监督评估"3点要求。

2017年，国家主席习近平在首届"一带一路"国际合作高峰论坛上提出，要将"一带一路"建成创新之路，并宣布启动"一带一路"科技创新行动计划。

2021年9月，国家主席习近平向2021中关村论坛视频致贺，强调"中方高度重视科技创新，致力于推动全球科技创新协作，将以更加开放的态度加强国际科技交流"。

2022年10月，中共二十大报告指出，要推进高水平对外开放，扩大国际科技交流合作，加强国际化科研环境建设，形成具有全球竞争力的开放创新生态。

2023年5月，国家主席习近平向2023中关村论坛致贺信，指出"新一轮科技革命和产业变革深入发展，人类要破解共同发展难题，比以往任何时候都更需要国际合作和开放共享。中国坚定奉行互利共赢的开放战略，愿同世界各国一道，携手促进科技创新，推动科学技术更好造福各国人民"。这表明了中国不断扩大开放、开展国际科技合作的坚定信念。

2023年10月，国家主席习近平在第三届"一带一路"国际合作高峰论坛上将"推动科技创新"列为支持高质量共建"一带一路"的八项行动之一，表示中国将继续实施"一带一路"科技创新行动计划。

2023年11月，首届"一带一路"科技交流大会于重庆举行。国家主席习近平向大会致贺信，指出"科技合作是共建'一带一路'合作的重要组成部分"，强调中国"将弘扬以和平合作、开放包容、互学互鉴、互利共赢为核心的丝路精神，深入实施'一带一路'科技创新行动计划，推进国际科技创新交流，与各国共同挖掘创新增长潜力，激发创新合作潜能，强化创新伙伴关系，促进创新成果更多惠及各国人民，助力共建'一带一路'高质量发展，推动构建人类命运共同体"。大会为促进各国政府间多边科技合作、搭建国际科技交流平台、增强国际科技创新协同发挥了引领作用。

从谋篇布局的"大写意"到精耕细作的"工笔画"，共建"一带一路"国家之间的科技创新合作成果正在持续开花结果。自"一带一路"

倡议提出以来，共建"一带一路"国家以互联互通为主线，为全球互联互通贡献力量，为国际经济合作搭建平台，为世界经济增长增添动力。[3]

经过十余年的共同努力，"一带一路"科技创新合作已成为弘扬丝路精神的重要途径。[4]我国推出了积极有力的政策举措，涉及众多领域。其中，有三项举措尤为突出。一是持续实施"一带一路"科技创新行动计划。自2017年启动"一带一路"科技创新行动计划以来，我国与共建国家在科技人文交流、共建联合实验室、科技园区合作、技术转移方面积极展开合作。我国在多个重大场合和文件中，都提出继续实施"一带一路"科技创新行动计划，加强绿色发展、数字经济、人工智能、能源、税收、金融、减灾等领域的多边合作平台建设。二是启动"一带一路"科技创新专项合作计划。我国在首届"一带一路"科技交流大会上提出正式启动"一带一路"科技创新专项合作计划，涉及创新创业、科技减贫、空间信息等领域，着眼于人类正面临的能源安全、粮食安全、气候变化、贫困等全球性挑战，根本目的是造福人民、惠及民生，通过科技创新合作为共建国家带来新动力、新机遇。三是设立"一带一路"国际科学组织联盟（ANSO）。"一带一路"国际科学组织联盟由中国科学院发起成立，是首个由共建"一带一路"国家的科研机构、大学等共同发起成立的综合性、实质性国际科技组织。自成立以来，"一带一路"国际科学组织联盟成员机构不断增加，既包括联合国教科文组织、欧洲科学与艺术院、南方科技促进可持续发展委员会等国际和区域科技机构，也包括来自东南亚、南亚、非洲的共建"一带一路"国家的科技机构，充分体现开放包容的理念。[5]此外，我国重视依托和完善"一带一路"知识产权合作机制等平台，加强知识产权保护国际合作，致力于打造开放、公平、公正、非歧视的科技发展环境。[6]

未来，我国将继续深化与共建"一带一路"国家的科技创新合作，进一步推动全球可持续发展。一方面，加强绿色技术交流与合作。通过在太阳能、风能等清洁能源技术及高效节能设备、环保材料等方面的合作，推动绿色技术的创新和应用，为推动全球可持续发展提供技术支持。同时，培养更多高素质的环保、气候变化等领域专业人才，为全球绿色发展提供智力支持和人才保障。另一方面，完善科技资源共享机制。鼓励更多的科研机构和企业参与到国际科技创新合作中，加强政策沟通与协调，为国际科技创新合作提供良好的政策环境。加强区域发展与"一带一路"倡议的对接，构建全方位开放合作网络。鼓励将国际科技创新合作的成果转化为实际生产力，促进科技成果的应用，从而推动共建"一带一路"国家经济发展和民生改善。

第一节 国际科技合作的理论内涵

国际科技合作是指不同国家之间在科技领域进行合作与交流的行为，包括科学研究合作、技术转移、人才培养等多个方面。国际科技合作的目的是促进科技创新和发展，加强国际科技交流，推动全球科技进步。国际科技合作理论是由经济学家弗里德里希·冯·哈耶克（Friedrich von Hayek）提出的。20 世纪四五十年代，哈耶克提出了"科技合作"的概念，并强调了科技合作对于促进创新、知识传播和经济发展的重要性。哈耶克被视为奥地利学派经济学的代表人物，他的研究对人们理解国际科技合作的经济学基础和意义产生了深远影响。

一、创新理论

奥地利经济学家熊彼特的创新理论将创新内容归结为新市场、新方法、新产品、新组织形式和新供给来源。创新理论认为，国际科技合作可以促进创新的产生和传播。通过国际合作，各国可以共享创新资源、知识和技术，加快科技发展的步伐。合作伙伴的不同经验和专长可以互补，促进创新的跨界融合。[7]

二、生产要素配置理论

马克思在《资本论》中阐述了生产要素的配置问题。生产要素配置理论认为，国际科技合作可以实现生产要素的优化配置。各国拥有不同的科技资源和人力资源，通过合作，可以实现资源的互补，促进科技创新，提高生产效率。

三、产业融合理论

产业融合理论的核心是"分工和技术的有机融合",主张将传统的分工经济与新兴的技术经济结合起来,如在传统的分工经济中增加新兴的技术经济。产业融合理论认为,国际科技合作可以促进产业融合与协同发展。不同国家在不同产业领域具有不同的优势和特色,通过合作,可以实现产业链的互补与协同,提升产业竞争力。

第二节 "一带一路"国际科技合作的战略布局

"一带一路"建设涉及的国家多、领域宽、范围广,离不开双边和多边科技合作。随着各国相互联系、相互依存的程度日益加深,加强"一带一路"国际科技合作,共同研究解决发展中面临的重大问题,越来越受到共建"一带一路"国家的高度认同与广泛支持。"一带一路"国际科技合作在优化共建国家要素配置的同时,能帮助共建国家突破低端锁定、实现价值链攀升和产业升级。"一带一路"沿线多为发展中国家,它们往往面临着经济转型的需求和任务。而当前共建"一带一路"国家的产业合作主要采用传统的产业垂直分工模式,已不能满足国际合作的现实及长远需要。要推动共建"一带一路"国家产业水平分工和垂直分工同时进行,实现共建"一带一路"国家产业转型升级,"一带一路"国际合作就不能仅限于中低端产业,而是要补足短板,大力推进高端产业,尤其是高新技术产业的发展。[8]

一、"一带一路"建设高质量发展的战略需要

当前共建"一带一路"进入高质量发展新阶段,合作范围由亚欧国家延伸至非洲国家和拉丁美洲国家,合作领域由"硬联通"扩展到"软联通"。这客观上要求共建国家加强多边科技合作,以国际科技创新作为带动"一带一路"高质量发展的重要引擎。在经济全球化、数字化蓬勃发展的时代,坚持科技创新要素在全球范围内自由流动,加强全球科技创新协作,促进科技创新成果互惠共享,既符合新科技革命发展的要求,也符合国际社会的共同利益。但随着大国博弈的加剧,一些

西方国家在冷战思维和霸权逻辑的影响下，将意识形态对抗引入科技领域，执意打造"小院高墙"，严重阻碍了国际科技交流合作和创新要素流动，加剧了全球发展赤字和创新鸿沟。[9]在此情况下，开展"一带一路"国际科技合作，提出携手构建全球科技共同体，倡导并践行开放、公平、公正、非歧视的国际科技合作理念，强调"科学无国界、惠及全人类"，坚持崇尚科学、创新发展、开放合作、平等包容、团结协作、普惠共赢的国际科技合作倡议，对推进国际科技合作、增强国际科技创新协同、支持"一带一路"高质量发展具有重要意义。

二、构建科技伙伴关系的战略需要

科技是全面建设社会主义现代化国家的基础性、战略性支撑之一。中国长期坚持科技是第一生产力，深入实施科教兴国战略、创新驱动发展战略，在共建"一带一路"倡议框架下大力开展国际科技创新合作，推动构建平等、包容的科技伙伴关系。[10]由于历史原因，国际科技创新中心全球分布长期极不均衡，形成"中心—边缘"格局，导致一些西方国家长期垄断高端科技。中国从人类共同利益出发，利用新一轮科技革命和产业变革多点齐发的特点，与众多国家特别是发展中国家搭建科技伙伴关系，以科技发展支撑发展中国家的现代化转型。自共建"一带一路"倡议提出以来，中国与多个共建国家签署政府间科技合作协定，建立知识产权合作关系，构建起多层次、全方位、广领域的科技合作新格局。[11]中国始终坚持把维护我国利益同维护广大发展中国家利益结合起来，不断推动全球科技治理理念创新发展。因此，中国积极加入相关国际组织和多边机制，深入参与国际大科学计划和工程；在第三届"一带一路"国际合作高峰论坛上提出《全球人工智能治理倡议》，呼吁各国在人工智能治理中加强信息交流与技术合作，共同做好风险防范，形成具有广泛共识的人工智能框架和标准规范；发起《"一带一路"数字经济国际合作北京倡议》，秉持"科学无国界、惠及全人类"精神，促进国际科技合作生态改善。

三、提升自身科技创新能力的战略需要

国际科技合作有助于吸引国际人才和资源，优化国内创新生态，有

助于引进国外先进技术和管理经验，加速国内科技创新的步伐。我国面临的国内外环境正发生深刻复杂的变化，要坚持向创新要动力，共同构建创新伙伴关系，营造开放创新生态，特别是聚焦气候变化、人类健康等共性问题，加强各国科研人员的联合研发；要把握新一轮科技革命和产业变革机遇，拓展人工智能、生命科学、绿色能源、先进制造等领域合作空间，推动大数据、云计算、智慧城市建设，实现产业转型升级。加强科技发展规划与政策对接，不断扩大新兴领域的科技交流合作，强化科研环境建设，推动"一带一路"科技交流大会和科技创新部长会议机制化，打造促进交流互鉴的高端对话平台，启动"一带一路"科技创新合作区建设，扎实推进资源共享、人才交流、平台建设等，有助于我国提升自身科技创新能力，深度融入全球科技治理体系，为应对人类挑战贡献力量。

第三节 "一带一路"国际科技合作的重要意义

推动"一带一路"国际科技合作，要以习近平总书记重要指示作为根本指引，深刻把握"一带一路"国际科技合作的重要意义，把推动本国发展与促进人类进步有机统一起来。科技创新合作是共建"一带一路"的重要内容，是提升我国与共建国家合作水平的重点领域。[12]与众多共建国家相比，我国科技创新资源丰富，在装备制造、空间科学、农业、减灾防灾、生命科学、能源、气候变化等领域拥有技术优势，这有利于提升国际合作层次。

一、促进普惠包容的经济全球化的必然选择

经济全球化应该是普惠包容的。普惠意味着增强各国参与感与获得感，即顺应世界各国尤其是发展中国家的普遍诉求，让更多国家、更多民众共享发展成果，得到平等的发展机遇。包容意味着寻找符合自身国情的发展道路。单边主义和保护主义只会加剧全球经济的分裂和不平衡，合作与沟通比以往任何时候都更加重要。

"一带一路"国际科技合作是推动普惠包容经济全球化的重要举措，其意义体现在以下方面。一是优化资源在全球范围内的配置。可以

通过"一带一路"科技创新合作精准对接供给需求，把科技创新变为进行全球资源配置的强大推动力。二是稳定全球产业链、供应链。"小院高墙""脱钩断链"破坏了全球供应链之间的分工协作秩序，一定程度制约了全球科技产业合作。利用我国较为完备的产业链和供应链带动更多共建国家参与全球价值链重构，共同研发新技术、新产品，有利于形成更为公平合理且互利互惠的国际贸易关系，提升产业链和供应链的上下游关联水平、整体竞争力、抗风险能力。三是推动经济全球化发展成果由全球人民共享。中国的科技创新不仅造福中国人民，也为世界发展带来新机遇。"一带一路"国际科技合作面向包括发达国家和发展中国家在内的众多国家，不仅聚焦高新技术和前沿科技，同时聚焦实用技术研发和应用，从实际层面形成对接，迸发创造力，挖掘科技创新能力，推动共建国家在经济全球化的浪潮中获得发展机会，增强共建国家的参与感和获得感。

二、应对全球性挑战的必由之路

在经济全球化趋势下，国际科技合作是应对气候变化、自然灾害等全球性问题的根本出路。2023 年，我国提出《国际科技合作倡议》，坚持"科学无国界、惠及全人类"，倡导开放、公平、公正、非歧视的国际科技合作理念，号召构建全球科技共同体。[13] 开展"一带一路"国际科技合作，是应对全球性挑战的重要举措。

一方面，科技创新作为促进经济发展、民生改善和应对全球性挑战的关键力量，是共建"一带一路"的重点领域。针对生态环境、卫生健康、粮食安全、自然灾害等全球性问题开展联合研究，集中全球智慧共同突破和解决关乎人类未来的重大科技难题，能促进科学知识的传播与普及、全球人才的自由流动、技术成果的转移扩散及全球市场的开放准入，提升共建"一带一路"国家应对和预防全球重大问题的能力。另一方面，"一带一路"国际科技合作注重新兴技术，加强引领未来发展的重点领域（如数字经济、人工智能、智能制造、生物医药等）的前瞻性合作研究，能为应对全球性挑战提供有力的技术支撑。此外，探索建立共建国家合作创新治理新机制，推动全球数字化创新突破与深度合作，多渠道开展数字化能力建设科技合作，有助于优化全球科技治理环境，推动构建全球科技共同体。

三、畅通国内国际双循环的重要举措

习近平总书记强调，要"着力打通生产、分配、流通、消费各个环节，逐步形成以国内大循环为主体、国内国际双循环相互促进的新发展格局"。构建新发展格局的关键在于经济循环的畅通无阻。科技创新能够通过新技术和新知识的应用，引导经济要素向更高效、更环保的方向流动，推动产业升级和链条延伸，加速构建现代产业体系。与共建"一带一路"国家共同开展科技创新合作，推动新兴技术和实用技术在共建国家推广应用，能加速我国与共建国家创新链、产业链、人才链的深度融合，有效提升合作效率、合作质量，畅通国际循环，同时提升我国在全球科技创新体系中的地位和影响力，塑造国际合作和竞争新优势。只有实现高水平科技自立自强，才能为构建新发展格局提供重要支撑。因此，习近平总书记强调，要"加快科技自立自强步伐，解决外国'卡脖子'问题"，努力成为世界主要科学中心和创新高地。与在部分科技领域具有突出优势的共建"一带一路"国家开展合作，能加速高端科创资源导入和科技创新成果转化应用，增强产业技术水平和竞争力，推动我国产业向价值链高端跃升，提升国家创新体系整体效能。

四、加快形成新质生产力的路径选择

加快形成新质生产力、增强发展新动能是推动人类文明不断向前发展的决定性力量。习近平总书记强调，发展新质生产力是推动高质量发展的内在要求和重要着力点，必须继续做好创新这篇大文章，推动新质生产力加快发展。新质生产力所涵盖的技术革命、生产要素重新配置和新产业形态，为提升生产效率、改善产品质量、推动产业深度转型提供了有力支撑。

颠覆性新质生产力的产生，部分来自自主创新，部分来自外部引进和转化吸收。搭建与共建"一带一路"国家科研机构及企业之间的国际科技合作平台，构建开放自由的国际科技合作生态，能有效促进科技创新人员和资源的自由流动，推动新技术的共同研发和新产业的培育，加速创新进程，实现创新要素的高效配置，为发展新质生产力奠定扎实

的基础。同时，共建国家的广大市场能为科技成果的转化提供广阔的平台，加快新兴技术从概念、实验室到产业的转化，加速催生新质生产力，不断累积发展新动能新优势。

第四节　"一带一路"国际科技合作建设进展

自 2017 年"一带一路"科技创新行动计划启动实施以来，通过科技人文交流、联合研究、科技园区合作和技术转移等务实举措，我国与共建"一带一路"国家打造出成功范本，有效提升了共建国家的创新能力。

一、科技人文交流不断深入

科技人文交流是深化科技创新合作的重要基础和纽带。我国与共建"一带一路"国家科技人文交流不断深入，在组织形式、交流内容等方面积极创新，效果显著。一是科技人才交流培训形式多样。例如，我国支持逾万名共建"一带一路"国家青年科学家来华开展短期科研工作和交流，并组织专家赴共建国家开展杂交水稻、菌草种植、生态抗旱、"鲁班工坊"等相关技术培训与交流活动，以多样化的科技人文交流活动带动共建国家在粮食安全、生态保护、减贫等领域取得积极进展。二是教育国际交流人才培养模式不断创新。当前我国有多所高校在共建国家开展境外办学，有效推进"一带一路"科技创新合作教育链、人才链、产业链与创新链融合发展。三是科技创新交流活动密集开展。近年来，中国—东盟创新年、中国—意大利创新活动周等形式多样的科技创新交流活动蓬勃开展，实现了创新资源的高水平交流和技术的有效对接。

二、联合实验室建设顺利推进

面向国家战略及共建"一带一路"国家的科技合作需求，联合实验室聚焦前沿基础领域方向，支持科研人员发挥各自优势联合开展合作研究，取得了积极成效。从国家层面看，我国与共建"一带一路"国家在农业、新能源、卫生健康等领域布局多家联合实验室，以平台建设促科研合作。根据中国科学院相关数据，我国不断加强与共建国家的科研合作，其中材料科学、电子电气工程、应用物理、环境科学和化学物理为重点合作领域。从地方层面看，各省市积极探索设立面向"一带一路"的国际科技合作项目专项经费，鼓励高校、企业与共建国家联合研发中心和实验室建立常态化联络机制，推动"一带一路"科研合作走深走实。例如，中国—巴西农业科学联合实验室、中国—哈萨克斯坦材料基因工程与智能科学联合实验室、中国—意大利先进制造联合实验室，聚焦关键核心技术创新，围绕生物医药、人工智能及先进制造等领域展开深入合作。

三、科技园区合作模式迭代升级

我国科技园区在试点推动科技创新体制机制改革、助力科创企业成长、促进高端产业集聚、加快经济高质量发展方面经验丰富，"一带一路"科技园区合作也为共建国家经济发展带来了新思路。截至 2023 年年底，我国在共建国家建成 20 多个农业技术示范中心和 70 多个海外产业园，采取建设离岸科技园和孵化器、缔结"姊妹园"、承接国别合作园中园等形式成功打造一批"一带一路"科技园区，有效促进了重点产业创新发展。例如，张江高科技园区在以色列设立了海外孵化器，旨在吸引以色列的创新技术和人才，同时将以色列的创新成果引入中国市场。武汉光谷北斗控股集团有限公司、泰中文化促进委员会、泰国湖北商会成立了中国—东盟北斗科技城。该科技城占地近 50 平方千米，旨在成为一个输出武汉优势产业的国际平台，带动武汉企业出海承接项目。

四、技术转移成效显著

近几年，共建"一带一路"国家普遍重视科技成果转移转化。我国与共建国家联合建立了多个国际技术转移中心，促进了技术的双向转移，有效拓展了科技合作网络，带动了我国企业、技术和标准"走出去"。截至 2023 年年底，我国搭建了 9 个跨国技术转移平台，累计举办技术交流对接活动 300 余场，促进千余项合作项目落地。在众多合作项目中，部分依托我国优势技术开展的项目已取得良好成效。例如，中国—中东欧国家技术转移中心旨在整合中国和中东欧国家创新资源，构建中国—中东欧国家科技创新与技术转移协作网络，推动双向转移合作与打造国际创新共同体，搭建线上线下综合服务平台，促使中国与中东欧国家科技创新合作迈上新台阶。中国—意大利技术转移中心旨在大力推动与高技术企业间的对接，促进创新技术的跨国转移，实现两国成果、人才、资金、项目等创新要素的流动和优化配置。中国—上合组织技术转移中心围绕建设以上合组织成员国为基础的"一带一路"国际合作新平台，完善市场化运营机制，铺建国际创新协作网络，创新双多边合作机制，推动创新资源集聚，服务科技成果转化。

第五节　"一带一路"国际科技合作模式探究

国际科技合作模式多种多样，包括国际学术（交流）会议、联合建立研究机构（实验室）、合作研究和发表论文、学者访问和交流、技术转移和技术转让、联合培训、共享网络资源、项目合作开发等。[14]我国坚持"共建共享，互利共赢"的基本原则，秉持"科学无国界、惠及全人类"的信念，倡导并践行开放、公平、公正、非歧视的国际科技合作理念，致力于与各国携手构建全球科技共同体。经过十余年的共同努力，"一带一路"科技创新合作主要形成了4种合作模式。

一、政府国际科技合作平台建设

我国重视与共建国家签署有利于促进国际科技合作平台建立的双边与多边协议，加强与共建国家的沟通与谈判，营造良好的双边及多边合作关系氛围，消除法律法规隔阂，出台大力支持平台建立的政策措施。政府主导搭建国际科技合作平台为国际科技创新提供战略性方向指导，集中体现了科技发展方面的国家意志，吸引了更多的社会资源加入创新网络。在政府的支持引导下，企业加大对科技合作的投入，加速引入相关行业的先进技术，在实现自身发展的同时也必然会推动相关产业的发展，并产生良好的经济效益。我国与大多数共建"一带一路"国家签署了政府间科技合作协议，并启动了一系列科技伙伴计划，包括中国—中东欧国家科技创新伙伴计划、中国—东盟科技伙伴计划、中国—阿拉伯国家科技伙伴计划等。以共建"一带一路"国家的重大科技需求为导向，我国与共建"一带一路"国家建立多层次和全方位激励机制，实现对科研人才的有效激励，深化产学研合作，共同建立一批联合实验室或联合研究中心、技术转移与资源共享平台，构建国际技术转移服务联盟，并组织国内外高校、科研机构及企业开展科研项目联合攻关。

二、民间科技创新服务组织建设

民间科技创新服务组织是政府与企业沟通的桥梁和纽带，在促进政府与市场良性互动方面有着独特优势。民间科技创新服务组织能敏锐捕捉到新兴行业所处生态、存在风险、潜在机遇与发展前景。在推动国内国际双循环的大背景下，我们更需要调动民间科技创新服务组织的作用和积极性。一般来说，民间科技创新服务组织包括各类行业协会、服务中介、技术专业机构等，它们在推动企业"走出去"过程中将发挥越来越显著的作用。"一带一路"国际科技合作中相当部分的技术转移是通过民间组织来完成的。行业协会、服务中介、技术转移机构专业性强、知识面广、社交面宽，掌握的境外投资信息较为全面和精准，可向企业提供项目可行性研究与评估、境外投资手续办理、劳务纠纷调解、知识产权尽职调查等专业服务。此外，民间科技创新服务组织储备了大量特殊人才，拥有比较灵活和完善的运作体系，特别是在专业知识、语言能力、谈判技巧、国际规则、涉外礼仪等方面有擅长之处，能够帮助企业精准匹配技术合作方，进而促进需要开展科技合作的双方达成协议。在民间科技创新服务组织的参与下，"一带一路"国际科技合作得到迅速的发展。

三、海外产业园区建设

我国一直非常重视海外产业园区建设，积极探索园区共建等合作形式，并将园区建设的成功实践向共建"一带一路"国家大力推广。截至2022年，中国企业在共建国家建设的境外经贸合作区累计投资达571.3亿美元，对保障全球产业链、供应链的稳定，促进共建国家发展发挥着重要作用。截至2023年，我国正在建设的海外产业园区已超过100个，中国企业与共建国家政府、企业合作共建的海外产业园也很多。我国不少工业园区已转型升级为高新技术产业园区、农业科技园区、国家自主创新示范区或国家级新区，共建"一带一路"国家的相关园区则大多处于转型升级阶段。我国发展模式与经验可以在有条件的地方复制推广。共建特色鲜明的科技园区，有助于开展国际科技合作，促进产业向价值链中高端攀升。中国企业在对接共建国家的过程中，需要顺利寻求市场和发展平台。境外园区建设便起到了"桥头堡"的作用，能够有效帮助企业"抱团出海"，开拓国际市场，形成国际品牌。随着劳动密集型产业向外转移，我国要利用好产业转移带来的空间与资源，推动形成"国内总部研发和生产核心部件+国外生产组装并开拓市场"的模式。近年来，"两国双园"（两个国家在对方国家建立自由贸易区的同时，互相在对方国家设立工业园区，并以此为基础开展深度合作）成为国际经济合作的新模式，为加速实现产业链联动、技术链协同和价值链跃升提供了新路径。例如，2023年1月，国务院发布《国务院关于同意设立中国—印度尼西亚经贸创新发展示范园区的批复》。此后，"两国双园"建设驶入快车道。福建省的众多企业就纷纷借助这类平台开拓和扩展国际市场，产业集群效应明显。

四、联合研究中心建设

共建联合实验室是推进"一带一路"国际科技合作的重要方式。我国结合共建"一带一路"国家的重大科技需求与我国的实际情况，围绕重点领域和关键性技术问题，建立了一批实验室或研究中心，开展联合攻关，打造高水平、高能级、国际化的科研创新和人才培养平台。截至2024年9月，我国与共建国家合作设立53家联合实验室，并计划在未来5年内把同各方共建的联合实验室扩大到100家。企业是创新的主体。我国企业正处于从国内走向国际、成长为跨国公司的关键历史时期，政府应引导、鼓励有条件的企业到共建国家设立研发中心，就地利用国际科技资源。通过并购途径进行国际科技合作，已成为我国企业拓展此类合作的普遍且有效的手段。并购能迅速增强企业运用国际创新资源的本领，短时间内显著提升企业的研发实力，促使企业快速掌握全球产业的尖端技术，从而占据国际市场。

第六节 "一带一路"国际科技合作新形势

科技创新是人们共同应对风险挑战、推动和平与进步的关键力量。习近平总书记指出："当今世界，发展科学技术必须具有全球视野，把握时代脉搏，紧扣人类生产生活提出的新要求。""一带一路"国际科技合作的开展面临错综复杂的局面，虽然有利条件正在快速累积，但各种风险和障碍也层出叠现，因此必须采取辩证的视角。

一、全球发展急需注入新动能

自 2008 年爆发国际金融危机后，全球经济增长的内在动力显著降低，反全球化趋势增强，多边主义和自由贸易体系遭遇挑战。新冠疫情的叠加影响，对世界经济、国际贸易及全球产业链和供应链造成了严重冲击。全球各国，尤其是发展中国家，急切地寻求经济复苏与增长的新动力，以摆脱发展困境。这些都为我国与共建"一带一路"国家在科技创新领域深化合作、共同应对"逆全球化"风险挑战提供了更多机遇。同时，随着人工智能、大数据、云计算等新兴科学技术的快速发展，全球资源的重新配置加速进行，新行业、新形态不断出现。

各国纷纷瞄准新的竞争领域，意图通过科技实现突破，获得飞跃式的发展。例如，美国不断调整移民政策以吸引人才。2022 年，美国更新了"国家利益豁免"政策框架，进一步明确了 STEM 留学生及外籍企业家获得"国家利益豁免"签证的办法。新的政策框架特别关注关键和新兴技术，以及对美国国家竞争力具有重要意义的领域。此外，美国还推出了 EB1（针对杰出人才、杰出研究员/教授、跨国公司高管）、EB2（针对技术人才）类移民政策，为人才移民提供了更多的机会。英国将培养和吸引高端人才上升为国家战略，创新了招揽科技人才的签证体系：高潜力人才签证面向毕业于全球顶尖大学的学生；增长型企业签证允许拿到增长型公司技术工作机会的人才申请，符合一定条件可以续签及申请永久居留；创新家签证允许海外创新者和企业家在英国创办和经营风险投资或创新型企业，3 年期满后可申请永久居留。澳大利亚内政部发布了《2023 年立法文书移民修正案》，延长了 485 签证（毕业生临时签证）和 500 签证（学生签证）的有效期。

随着发达国家纷纷采取行动，共建"一带一路"国家也开始关注科技创新，寻找适应本国发展的路径。印度尼西亚制定国家发展战略，提出"黄金印度尼西亚 2045"愿景，持续落实绿色经济理念，计划在 2045 年进入发达国家序列。埃塞俄比亚制定了《本土经济改革议程：繁荣路径》等规划，力图改善营商环境，提振私营部门投资。越南、马来西亚、泰国等国家也相继宣布相关计划，投入巨额资金用于建设数据中心和联合实验室等科研设施。

各国对培育新动力的急切需求及新一轮科技变革与"一带一路"倡议的历史性交汇，为我国与共建国家的科技合作提供了广阔的空间。中国经济与科技实力强大，反过来也为国际科技创新合作提供了坚实的支撑。作为共建"一带一路"首倡国，中国稳居世界第二大经济体，经济增速多年来保持良好势头。中国也是技术创新大国，2023 年研究与试验发展经费投入总量达到 33357.1 亿元。中国在量子计算、人工智能、航空航天及生物医药等多个领域实现了显著的创新突破，打造了 500 米口径球面射电望远镜、"祝融号"火星车、"墨子号"量子科学实验卫星、"深海勇士"号载人潜水器等国家名片。根据中国科学技术信息研究所的统计，2022 年我国各学科最具影响力期刊论文数量超过美国，高水平国际期刊论文数量及被引用次数均排在世界首位。根据国家知识产权局的统计，截至 2023 年，我国发明专利有效量为 401.5 万件（不含港澳台数据）。世界知识产权组织发布的《2024 年全球创新指数》显示，中国的全球创新指数排名升至第 11 位，是 10 年来全球创新指数排名上升最快的经济体之一。该报告指出，中国拥有 26 个全球百强科技创新集群，创新发展展现出强大动能和广阔前景。

二、科技合作风险障碍不容忽视

一是国际科技合作的不确定性持续上升。一些发达国家倚仗其科技优势，采取零和博弈和冷战思维，挑起意识形态和价值观对立。这些国家将科技创新过度安全化、政治化，以"降低风险"为名，通过"断链脱钩"的策略构建"高墙小院"，试图破坏建立在全球产业链和供应链联系上的科技合作。这无疑增加了国际科技合作的不确定性。例如，

2018年11月，美国司法部启动"中国行动计划"，要求94个地区司法部门每年至少提出一至两起针对中国的诉讼，以应对所谓来自外国的"安全和技术威胁"。2022年2月，美国司法部虽然宣布暂停"中国行动计划"，但实际上转为寻求更隐蔽的遏华组合拳。2024年9月，美国议员发起一项法案，内容是启动类似"中国行动计划"的新计划，遏制对美国知识产权和学术机构的"间谍活动"，并制定一套针对实验室和大学研究人员的限制策略。美国还大搞"长臂管辖"，肆意制裁其他国家企业与个人。英国、法国、日本等国家过度扩展"安全"概念，在半导体、量子通信等领域对兼并收购、市场准入等采取各种收紧、限制措施，人为提高科技合作门槛。

二是部分共建"一带一路"国家的科技发展水平不高。一方面，共建国家以发展中国家为主，在创新要素（如研发投入和科研水平）发展方面存在不足，在科技基础设施（如实验室和科研设备）建设方面能力薄弱。例如，非洲的互联网普及率2023年为45%左右，虽大幅攀升，但同全球平均水平的68%、发达国家的93%仍有较大差距。根据世界银行2020年的报告，撒哈拉以南的非洲地区的高等教育适龄人口入学率为9.4%，远远低于38%的全球平均水平，科技领域对专业人才的渴求与劳动力市场可提供的数量之间存在显著的差距。另一方面，一些共建国家给投资项目绑定了过高的附加条件，设置了较高的贸易和投资障碍，阻碍了科技创新要素的流动。

三是科技领域的伦理和道德问题越来越显著。新技术如人工智能、大数据及脑机接口的涌现促进了技术与人类生活的深度结合，同时也激发了人们对伦理和道德问题的深入探讨。这在一定程度上减缓了科技合作的步伐。例如，随着科技的迅速进步，人工智能逐步取代许多行业的传统劳动力。这一变化不仅重塑了人类的工作模式，也在改造整个社会的架构。同时，确保人工智能的决策公正无偏，以及在算法的透明度与用户隐私保护之间取得平衡，成为社会亟须解决的问题。

第七节　"一带一路"国际科技合作新对策

在推动"一带一路"国际科技合作的过程中，中国始终坚持以高标准、惠民生、可持续为目标，取得积极进展。党的二十届三中全会指出，要"继续实施'一带一路'科技创新行动计划，加强绿色发展、数字经济、人工智能、能源、税收、金融、减灾等领域的多边合作平台建设"。面对日趋复杂的国内国际形势，习近平总书记强调："科技进步是世界性、时代性课题，唯有开放合作才是正道。国际环境越复杂，我们越要敞开胸怀、打开大门，统筹开放和安全，在开放合作中实现自立自强。"在推动共建"一带一路"高质量发展的新阶段，要更加主动地融入全球创新网络，抓好党的二十届三中全会提出的最新要求和支持高质量共建"一带一路"八项行动中的"推动科技创新"具体举措落实落地，以更加开放的姿态加强国际科技交流，推动完善全球科技治理，建设具有全球竞争力的开放创新生态，为落实联合国2030年可持续发展议程提供科技支撑，为全球南方现代化注入强大动力。

一、升级合作机制体制

构建活跃的科技创新合作氛围，通过政策的引导和机制的建立形成一个开放、平等、公正且无歧视的环境，为科技合作提供良好的条件。以"一带一路"科技创新行动计划为核心，持续深化与共建国家在科技发展和政策上的协同，确保在"一带一路"合作规划、谅解备忘录及双边或多边专项规划等文件中得到明确体现，促进创新主体之间的合作与资源的无障碍流通。促进"一带一路"科技合作大会与科技创新部长级会议的常态化，构建增进交流与相互学习的高级对话平台。[15]构建连接国内外的协作研究网络，启动"一带一路"科技创新合作区和"一带一路"科技创新专项合作计划等项目，利用"一带一路"国际科学组织联盟等平台，切实推进资源共享、人才交流、平台建设等任务。构建以问题为中心的"一带一路"科技创新合作的双边和多边交流体系，为特定问题创建合作平台，如国际联合研究中心。寻找科技合作的互利共赢新途径，如支持共建国家的外籍科学家参与本国科技项目，设立全球科研基金，利用"揭榜挂帅"等方法促使共建国家重大科技项目实现突破。在各方广泛参与和形成共识的基础上推动规则制定，强化知识产权保护，抵制知识封锁和故意扩大科技差距，落实真正的多边主义。

二、分类施策 精准合作

共建"一带一路"国家科技发展水平不一，因此需要有针对性地、分类地采取措施，根据各国的国情开展不同领域的科技合作。在特定领域或学科具有国际领先科技创新能力的"关键国家"在打破国际技术和产业竞争格局中具有战略地位，应将其先进技术与中国广阔的技术应用市场相结合，提升合作层次，放大合作成效。例如，新加坡作为"关键国家"，在金融科技、人工智能、半导体等领域具备优势。共建国家的科技发展水平普遍不高，中国应巩固国际科技合作的基础盘，将自身成熟的技术和科技规范输出至共建国家，并结合这些国家的具体情况推动新技术的普及；根据共建国家技术发展需求，探索应用领域，快速将研究成果转化为产业效益，促进科技与产业的正向互动发展，增强国家科技自我更新能力，保持长期合作的稳定性。同时，全球科技创新的核心区域依旧位于发达国家，与发达国家开展国际合作是不可避免的。应确保学术交流和访问的畅通无阻，积极促进企业与发达国家的行业组织、标准组织、技术中介等官方、半官方、非官方民间科技机构的合作；拓展第三方国家合作途径，通过第三国与发达国家共同构建基于多边的科技合作机制，创造国际合作空间与增量。

三、深耕新兴领域合作

持续深化在绿色、数字、健康领域的合作，利用科技为产业和项目注入新动力，培育新的发展动能。在绿色领域，强化低碳、节能、节水以及环保等绿色技术的基础研究和先进技术研发，提高绿色技术的开发、实践和普及水平，支持全球绿色低碳产业的发展；携手推进灾害精准感知与智能监测、自然灾害精准预测预报预警等技术与标准体系的开发，增强社会的灾害应对与灾后恢复能力。在数字领域，加强在数字经济、人工智能、量子科技、先进制造和生物技术等前沿领域的合作；深化数字化前沿科技的交流，推动数字化创新的突破和深度合作，构建科技专业术语与标准框架，打造数字知识产权服务网络，探索创建国家间合作创新治理的新模式；加强在数据安全方面的国际合作，与共建国家共同进行人工智能的尖端研究，确保各国在人工智能发展和管理上的机会、权利均等。在健康领域，促进医药和医疗技术的研发合作，助力中国创新药物走向国际市场；利用移动健康技术与远程诊疗系统推广，提升基层医疗与急救反应速度，构建跨国传染病监测、预警及信息共享平台，提高全球应对突发公共卫生事件的反应速度；合作开发重大传染病监测预警及联防联控技术平台，共同进行重大传染病疫苗和药物的研发。

四、以现有合作为抓手拓宽合作面

要将现有海外工程项目作为重要载体共建"一带一路"的主线，从"硬联通""软联通"拓展到"科技联通"。在推进"一带一路"建设过程中，交通、能源及基础设施项目至关重要。应将科技合作与这些工程紧密结合，全面审视科研难题，以提升科技合作的针对性、积极性和主动性，为项目建设提供科技服务，用科技赋能大工程大项目。在进行大型基础设施项目时，应并行举办技术培训工作坊和研讨会，帮助强化共建国家的技术和管理技能。中国的援助资金应当着重于支持共建国家的高等教育机构，以加强其专业学科的建设，并且帮助职业院校扩展课程内容，为更多青年科学家、工程师提供学习交流的平台。在推进民生工程时，要关注居民迫切需要解决的问题和提升生活质量的真正需求，在农业灌溉、化肥应用、小型水电站建设等方面传授专业知识，提升共建国家的产业技术水平。要利用多语种渠道、多种媒介平台积极宣传技术装备国产化等中国科技发展的成功案例，持续不断推动共建国家设置依托工程，并在依托工程项目中对设备本土化提出适应共建国家当前发展阶段的要求。

五、加强科技人才交流培养

科技人才培养合作是"一带一路"设施联通与民心相通的交汇点，能为共建国家培养国际化的工程科技人才，支撑重大工程项目建设，助推"一带一路"行稳致远。随着"一带一路"产能合作与工程项目建设的深入推进，共建国家产业转型升级诉求增多，对中高端科技人才的需求增加。在培育人才合作领域，要促进人才的双向交流，加强中国与共同建设国家之间的资源共用与协作，激励相互访问，构建立体化、开放式的科技人才培育体系，以满足各个领域的人才需求。在共同创建高水平科技创新人才培育中心方面，要通过设立双学位课程、共同培育博士生等途径，达成教育资源的全球融合，积极培育、吸纳并推广具备全球视野的国际化人才。在拓展政府与民间的交流与合作途径上，要积极落实国际科技合作的倡议，组织国际大型科学项目和工程，推进国际杰出青年计划，增进科技与人文的互动交流，激励年轻科技人才参与国际会议、学术对话及合作研究，借鉴彼此先进经验。在人才服务与数据共享领域，要共同建设国际人才驿站和一站式服务平台，为国际科技人才的交流提供便利条件，同时，构建共建"一带一路"国家的科技人才数据库，按领域和区域整理共建国家的科技人才优势，促进数据的互联互通和共享。在共建国家中，要推广既符合本土情况又得到国际认可的人才评价体系，建立标准基本统一的人才评价长期机制，促进工程师、建筑师等职业资格及学历学位的国际互认，确保与共建国家之间的认证制度能够顺利衔接和转换。

第二章
国内城市"一带一路"
国际科技合作典型经验

根据《"一带一路"大数据报告（2018）》，"一带一路"建设工作居全国前5位的地区分别为广东省、山东省、上海市、浙江省及江苏省。这些地区科技创新能力强，创新氛围浓厚，创新活跃度高，在共建"一带一路"国家的贸易投资、文化交流等方面具有较高的影响力和示范作用，是中国对外开放和国际科技合作的重要窗口和平台。因此，本书选择了深圳、青岛、上海、宁波、苏州五座核心城市作为"一带一路"国际科技合作的样本案例进行研究。

第一节　深圳"一带一路"国际科技合作实践

2023年是共建"一带一路"倡议提出十周年。位于南海之滨的深圳积极响应"一带一路"倡议，与共建"一带一路"国家不断拓展合作。从基础设施建设等传统领域，到新能源汽车、数字经济、绿色技术等新兴产业领域，深圳逐步构建起健康、绿色、数字、创新的"丝绸之路"；从"硬联通""软联通"到"心联通"，深圳向世界讲述了富有特色和活力的"深圳丝路故事"。[16]从东非乌干达的首部智能手机，到埃及彩电的"中国制造"，从"买全球卖全球"的跨境电商，到以"新三样"（新能源汽车、锂电池、光伏产品）为代表的深圳高技术产品走俏国际市场，深圳与共建"一带一路"国家的贸易合作愈发紧密。十年间，深圳对共建"一带一路"国家进出口总额累计8.63万亿元，年均增长5.1%。2023年，深圳对共建"一带一路"国家和地区进出口总额为1.3万亿元，较2022年增长9.3%，占同期外贸比重提升至33.6%。[17]深圳以世界眼光和战略思维，构建了全方位、宽领域、多层次、系统化、战略性的国际科技合作格局，探索出一条以政府为引导，以企业国际化发展为主线，以粤港澳建设为抓手，以前海、河套为合作样板空间，以面向未来关键核心技术领域PCT国际专利全球布局为战略支点，以高校和科研机构国际化为引线，以高端智库为纽带的国际科技合作模式。

一、深圳"一带一路"国际科技合作基本情况

深圳支持企业以产学研为导向，主动设计和组织实施国际科技合作

项目，加强同共建"一带一路"国家科研人员的联合研发。2021—2023年，深圳支持当地高校、科研机构、企业与共建"一带一路"国家开展自主合作项目53个，支持金额2625万元，涵盖了生物与人口健康技术、电子信息、新能源与节能等高技术领域。2023年，深圳协同新加坡企业发展局实施首批深圳—新加坡联合研发资助项目，支持两地创新主体在政府间合作框架下开展联合科研攻关，共同征集科研项目36个。[18]在对外科技合作平台建设方面，深圳设有华大基因全球创新中心。科技园区建设是深圳推进对外科技合作的一个重要抓手。位于越南海防市的深越合作区是深圳市第一个境外经贸合作区，有卧龙电气、三花智控、大洋电机等多家高科技企业入驻。中新（深圳）跨境贸易大数据平台是国家版跨境贸易大数据平台的深圳先行先试版。自2019年签署《关于新加坡—深圳智慧城市合作倡议的谅解备忘录》以来，截至2024年7月，深圳与新加坡累计启动了4批48个重点项目，并形成了深新前海智慧城市合作创新示范园区项目、深新科技研发应用合作（联合创新）项目、深新跨境电商合作项目等一批标杆项目。[19]2016年4月，环境保护部与深圳市人民政府签署共建"一带一路"环境技术交流与转移中心（深圳）合作框架协议，推动设立"一带一路"环境技术交流与转移中心（深圳），使其成为全国首家服务绿色"一带一路"建设的国家级实体平台。该中心的成立还被列入第二届"一带一路"国际合作高峰论坛成果清单。

二、深圳"一带一路"国际科技合作路径

一是充分运用粤港澳大湾区独特优势有力推进"一带一路"建设。中央接连高规格出台了4个支持粤港澳大湾区重大合作平台的建设方案或规划，形成横琴、前海、南沙、河套四大粤港澳重大国际合作战略开放空间，其中深圳就有前海、河套两家。在创新制度方面，一系列涉及金融、税务、建设等领域的政策相继出台，联通港澳、接轨国际的现代服务业发展体制机制不断建立健全，形成多项制度创新成果。[20]前海深化深港金融合作，率先在全国启动跨境人民币贷款业务，并实现了"跨境贷、跨境债、跨境投资、跨境资金池、跨境资产转让和自由贸易账户"等金融创新。河套独特的区位条件为人才、技术、资金、数据等创

新要素跨境流动提供了有利的探索环境。2023 年首个深港跨境知识产权证券化项目完成深港两地资金募集并正式落地，也意味着深圳成功探索出一套资金跨境便利流动的"河套模式"。[21] 在创新要素汇聚方面，河套 2023 年成为深港科技合作紧密度最高、融合度最强的区域之一，汇聚 7 家世界 500 强研发中心、10 个国家重大科研平台、10 个香港高校科研机构、21 项"卡脖子"技术攻关项目、8 家深港独角兽企业总部及研发中心、447 家科技企业、23 家科研机构、超 150 个高端科研项目、12 名海内外院士专家。

二是面向战略性产业深度开展共建"一带一路"国家知识产权合作。深圳深入实施创新驱动发展战略和知识产权强市战略，持续优化知识产权创造、运用、保护、管理和服务全链条生态体系，积极开展知识产权快速协同保护工作、海外纠纷应对指导工作。2023 年，深圳知识产权多项指标国内领先。全市国内专利授权量 23.51 万件，商标注册量 24.97 万件，居全国第 1 位；每亿元 GDP 专利产出量 6.79 件，在全国大中城市中居第 1 位；每万人口高价值发明专利拥有量 98.36 件，是全国平均水平的 8.3 倍；每平方千米发明专利拥有量 150.38 件，连续 18 年居全国第 1 位；PCT 国际专利申请量 1.59 万件，连续 20 年居全国大中城市首位。同时，深圳为企业出海"护航"，海外知识产权布局能力进一步增强。深圳全市美欧日韩专利公开量、专利授权量，在全国各大城市中均居第 1 位。[22] 根据科睿唯安《2022 国际大都市科技创新能力评价》，2021 年深圳市受理 20455 件 PCT 国际专利，占广东省 78.4%，近 20 年年复合增长率为 35.7%，近 3 年复合增长率 5.9%。2021 年深圳市前 10 位的机构申请人申请的专利数为 15113 项，占 74.2%，其中华为（7032）、平安科技（1957）、中兴通讯（1562）居前 3 位。在十大新兴技术产业 PCT 国际专利数量上，深圳在全球 50 城中居第 2 位；在人工智能、区块链、自动驾驶和沉浸式体验单项 PCT 国际专利数量上，深圳居全球 50 城首位。主要的 PCT 国际专利申请来自华为、中兴通讯、比亚迪等企业，这些企业连同其海外创新中心，正集中力量突破一批关键核心技术，抢占未来技术发展制高点。深圳依托强大的企业主体，形成了科技成果产业化动力足、效率高、成果丰硕的基本面，扩大了创新竞争优势。[23]

三是以高等教育、科研机构国际化促进学术国际科技合作。随着粤港澳大湾区建设不断推进，港澳及全球高校踊跃赴粤办学。截至 2023 年，广东建成北京师范大学—香港浸会大学联合国际学院、香港中文大学（深圳）、香港科技大学（广州）、深圳北理莫斯科大学、广东以色列理工学院、香港城市大学（东莞）等合作大学，其中两所位于深圳。深圳与沙特阿拉伯高校推动互设作为科技成果转化合作平台、学生联合培养中心、学术交流平台和双方企业出海高速通道的创新中心。2023 年 9 月，在沙特阿拉伯吉达市，香港中文大学（深圳）、清华大学深圳国际研究生院、深圳清华大学研究院等 6 所高校和机构与阿卜杜拉国王科技大学签署协议，开展科技创新合作。这是深圳与共建"一带一路"国家开展科技交流合作走深走实的一大例证。此外，深圳布局了一批国家实验室、综合类国家技术创新中心、国家重大科技基础设施、国际大科学计划等国家级重大平台，与相关大学一起加强关键核心技术攻关、基础研究和应用基础研究，推动全链条成果转移转化和高水平国际科技合作。从科研论文产出来看，根据科睿唯安《2022 国际大都市科技创新能力评价》，2021 年深圳发表学术论文（SCI、CPCI）30541 篇，近 3 年复合增长率为 21.8%，其中国际合作论文 9222 篇，占 30%。同期，南京发表学术论文（SCI、CPCI）56860 篇，近 3 年复合增长率为 7.6%，其中国际合作论文 14545 篇，占 26%。按照这种趋势来看，南京学术论文（SCI、CPCI）发表量有被深圳超越的可能性。这与近年来大湾区大力支持高等教育、新型研发机构的国际化建设，国际化水平逐年提高有较大关系。全球化的教育、科研创新的土壤，为深圳汇集全球智慧开展应用基础研究、关键核心技术攻关，建设具有国际竞争力的创新高地奠定坚实的基础。

四是市场主体借力"一带一路"加速国际化进程。"深圳制造"向"深圳智造"的升级，推动了商品出海和外贸发展，也促使深圳与全球产业链供应链融合得更加深入。深圳与共建"一带一路"国家进出口值从 2013 年的 7473.7 亿元，攀升至 2022 年的 1.19 万亿元，增幅达 59.1%。其中，出口值从 2013 年的 2990.2 亿元增长至 2022 年的 6047.1 亿元，年均增长 7.2%。[24] 在数字经济方面，深圳以华为、中兴通讯等科技企业为代表，积极拓展"一带一路"市场，助力共建国家实现数字化转型。2023 年，华为在海外已设立 16 个全球研发中心（北美洲 2 个、亚洲 4 个、欧洲 10 个），其中位于"一带一路"国家和地区的有 5 个。截至 2022 年年底，华为在全球共持有有效授权专利超过 12 万件。华为还在多个产业组织（如标准组织、产业联盟、开源社区、学术组织等）中担任重要职位，与第三代合作伙伴计划（3GPP）、5G 互联产业与自动化联盟（5G-ACIA）等国际机构形成深层次沟通与战略合作，并积极促进中欧产业组织间的深度协作、标准互认。此外，华为在国际学术组织平台上，通过峰会、基金等形式促进多边交流，合力探索未来技术方向。

五是以高端智库为纽带打造高级别的科学盛会。深圳积极融入"一带一路"国际科学组织联盟网络。大湾区科学论坛作为国际化的重要交流平台，由"一带一路"国际科学组织联盟发起，在粤港澳三地同步举办，是粤港澳大湾区最高级别的科学盛会。2023 年，大湾区科学论坛首次设立"一带一路"高质量发展分论坛，国内外的科学家纷纷从科技创新、绿色发展等多个层次和维度展开研讨。依托大湾区科学论坛等高层次的交流对话平台，深圳与共建"一带一路"国家乃至世界各地的科技人才交流合作更加紧密。

三、深圳"一带一路"国际科技合作经验启示

深圳着力扩大高水平对外开放，突出特长优势，瞄准制度创新，强化关键领域的发展，拓展国际合作伙伴网络，参与新型行业国际标准的制定，开展联合创新和产业转化，积极打造"一带一路"建设的重要支撑区。

一是以建设粤港澳大湾区国际科技创新中心为牵引，加强科技创新合作。对标国际一流，发挥中心城市核心引擎作用，加强基础设施互联互通，加快现代产业体系建设，携手港澳打造充满活力的世界级城市群。推进广深港澳科技创新走廊建设，携手打造驱动高质量发展的重要动力源。扩大高水平对外开放，参与国际竞争合作，打造"一带一路"建设的重要支撑区。探索协同发展新模式，着重从重大合作平台建设、重大合作项目落地、规则相互衔接等方面寻求突破，打造内地与港澳深度合作示范区。

二是深化重点领域科技合作，提升科技硬实力和国际影响力。积极参与国际重大科学研究计划，加强与国际组织、高水平大学和研发机构的合作，共同开展科学研究和技术创新，拓展国际科学前沿的研究。积极参与全球科技创新网络建设，举办高水平的国际学术会议和科技论坛，推动科技创新走向世界。

三是顺应国际形势变化趋势，找准合作方向和重点。综合评估共建"一带一路"国家的科技创新能力，梳理高收入国家的创新能力、创新效率和创新领域，厘清重点科研机构、知名学者专家和合作领域，绘制共建"一带一路"国家国际科技合作创新资源图谱。与南美、中亚、东欧等地区在现有合作的基础上，发掘更深层次的合作，如在生物医药、集成电路、新能源等领域开展合作。建立区域科技安全风险监测预警机制，进一步提高国际科技合作资源信息平台的信息分析预警能力，扩大信息整理收集范围，把握区域发展新动向。

四是发挥科技智库作用，加大对科技战略人才的培养力度。在拓展国际科技合作立项的范围、深度的同时，建立科技智库联盟，深度融入"一带一路"国际科学组织联盟体系，把支持科技智库开展国际科技合作作为国家科技外事工作的延伸与补充，积极培育思维敏锐、专业精深、熟悉政策的战略科技人才。

五是助推"一带一路"海外园区高质量发展。持续推动境外园区建设，支持国家级、省级境外经贸合作区建设模式升级。持续实施"一带一路"引领工程，鼓励支持优势行业龙头企业带头"走出去"。加快形成一批世界一流的公司，建成一批示范项目和标志性工程。布局建设一批立足当地、辐射周边的多功能服务站，构建"一带一路"全球服务网络。把现有海外工业园升级建设成为辐射西亚、东南亚、南美洲科技合作的战略支点与链接"关键创新国家""关键创新机构"的"桥头堡"。

六是构建"一带一路"数字合作新格局，培育数字经济平台龙头公司。数字经济是全球未来的发展方向。深圳在电子贸易、数字经济、科技创新尤其是人工智能治理等方面具备领先优势。凭借着先发优势、产业链供应链优势，深圳作为"跨境电商之都"享誉全球。2023年，深圳跨境电商进出口额超3000亿元，同比增幅超70%，跨境电商市场规模居全国第 1 位。

七是健全国际科技合作保障体系。在宏观层面,完善全球科技治理,加强知识产权保护,探索互利共赢的全球科技创新合作新模式,促进科技创新成果互惠互享。在微观层面,完善企业服务保障体系,探索企业投融资新路径,积极争取境外重大科技合作项目融资试点,开展"走出去"企业信用评估,对诚信企业提供政策便利。

第二节 青岛"一带一路"国际科技合作实践

青岛与共建"一带一路"国家经贸往来密切。2013—2023 年,青岛与共建"一带一路"国家的货物贸易额从 1140 亿元扩大到 3211.31 亿元,年均增长 12.2%;青岛在共建"一带一路"国家投资 324 个项目。青岛充分发挥"新亚欧大陆桥经济走廊重要节点、21 世纪海上丝绸之路主要节点"的双定位功能优势,着力增强经贸合作在"一带一路"建设中的压舱石和推进器作用,深度融入"一带一路"建设,链接国内外资源和市场,打造联结国内国际双循环的重要枢纽,取得实打实的、沉甸甸的成果。与此同时,青岛深化科技交流合作,培育产业开放创新良好生态,与共建"一带一路"国家形成了在政府引导下,以企业为主体,以合作示范园区和基地为试验场,以大学和科研机构间合作为媒介的科技合作模式。

一、青岛"一带一路"国际科技合作基本情况

一是政府部门主导。加大优势领域新技术、新模式及成套技术产品对外推广应用,发挥国际科技合作基地、"一带一路"联合实验室的积极作用。截至 2023 年,青岛对"一带一路"共建国家投资项目达 324 个,其中 8 个重点境外经贸合作区累计投资 14.5 亿美元,解决共建国家 1.1 万人就业。发挥黄河流域科技创新联盟的作用,聚焦沿黄河省(区)重点产业关键共性技术难题,实施一批联合攻关重大项目,吸引一批高质量成果和高端人才落地。发挥中国—上海合作组织地方经贸合作示范区(以下简称上合示范区)、中国(山东)自由贸易试验区青岛片区等重大开放平台的作用,培育拓展新市场,支持科研机构、大学高

校、企业在生物技术、电子信息、海洋、农业、新材料、新能源等重点领域开展国际科技合作。

二是以大学和科研机构为先锋。高等院校和科研机构，尤其是与海洋相关的院所，凭借自身技术实力成为青岛国际科技合作的先导。中国海洋大学一方面不断拓展深化和欧美国家在优势学科领域的密切合作；另一方面积极拓展与共建"海上丝绸之路"国家涉海科教机构的合作，培养国际化人才。自然资源部第一海洋研究所成功编制首批泰国兰岛及周边海域海洋空间规划，与俄罗斯科学院远东分院太平洋海洋研究所、全俄海洋地质和矿产资源研究所在研究、人员交流、联合调查场次实施、实体建设等方面开展合作。山东省科学院海洋仪器仪表研究所牵头，面向上海合作组织成员国及共建"一带一路"国家建设海洋科学与技术共同体，借助中国—上海合作组织地方经贸合作示范区海洋科学与技术国际创新中心等平台机制的国际合作成果，追求共创共享、合作共赢。

三是整合科技合作要素资源。整合国际科技合作人才资源，利用科技团组互访、专家交流、人才培训，以及举办海外留学人员洽谈会、建立留学人员创业园等形式，加强国际人才交流与合作。设立国际科技合作奖，表彰对青岛经济建设和社会发展作出突出贡献的外国专家。进一步提升青岛国际化创新型城市的气质，鼓励推进多元化国际科技合作，推动企业、高校院所参与共建高水平创新平台，提升国际科技创新和产业创新资源集聚力。

二、青岛"一带一路"国际科技合作路径

一是开展"一带一路"合作项目。2023年，青岛与上合组织国家进出口额达1200亿元，是2018年的3倍，年均增长27%。截至2024年6月，上合示范区引进130多个项目，总投资达2700多亿元，带动青岛市企业在俄罗斯、哈萨克斯坦等上合组织成员国投资232个项目，累计投资额达到35.2亿美元。青岛成功将多个项目纳入科技部国际科技合作重点项目计划等，并在此过程中取得了丰硕的科技成果。其中，与印尼携手开展的"印尼爪哇沿岸上升流潜标观测"等联合项目尤为引人注目。这些项目合作范围广泛，依托单位不仅有中国海洋大学、青

岛大学、青岛农业大学等高校及相关研究机构，还有海尔、蔚蓝生物等知名企业。这一强强联合的阵容，充分彰显了青岛科研机构和企业在国际科技合作与交流领域所具备的硬核实力，为山东省乃至全国的科技创新发展注入了强劲动力。

二是积极建设国际合作基地。青岛全面实施国际科技合作深耕工程，立足联合攻关、基地共建、合作交流及服务重大战略等重点工作，依托全市上百家国际合作基地集聚全球创新资源，支持企业与境外机构、专家联合开展关键技术攻关，组织开展一系列独具特色的国际科技交流、对接活动。优势互补、协同合作，这是青岛整合全球创新资源"为我所用"的缩影。青岛以创新生态打造国际科技合作坐标系，通过加速链接全球创新资源，在融入全球创新网络中激发新动能、取得新成效。从一款名为"X11"的海尔洗衣机，可见青岛的全球创新资源整合能力。X11 由青岛研发中心负责软硬件设计，大洋洲研发中心负责电机升级，欧洲研发中心聚焦解决节能问题，美国研发中心提供新风技术解决方案。产品一经上市，便占据了法国、德国、波兰等国家高端市场份额的 10%。[25]

三是布局国际科技合作平台。自然资源部、山东省人民政府、青岛市人民政府汇聚三方资源，以"联合国海洋科学促进可持续发展十年（2021—2030 年）"倡议为重要契机，共建"海洋十年"国际合作中心。2023 年 2 月，部、省、市共建"海洋十年"国际合作中心框架协议签署暨揭牌仪式在青岛西海岸新区举办，合作中心正式启动建设。此举有助于加快推进建设海洋强国的重大战略部署，践行构建海洋命运共同体理念，积极拓展蓝色伙伴关系，推动高质量共建"21 世纪海上丝绸之路"，做实做强做大东亚海洋合作平台。2024 年 6 月，青岛市委审议了《关于高质量建设中国—上海合作组织地方经贸合作示范区的若干措施》，并指出要加快打造"一带一路"国际合作新平台。香港科学园山东分园、鲁港科技合作创新中心等多个国际创新平台也相继启动。

四是组织双边/多边科技洽谈会。借助上合示范区，青岛与多个国际口岸城市建立合作关系，与多个园区共同发起组建中国—上海合作组织产业园区联盟，与多个上合组织国家城市结成友好城市。青岛通过举办上海合作组织青岛峰会及上合组织各类峰会、"一带一路"能源部长会议、"一带一路"高等教育研究国际会议、"一带一路"国家教育论坛、"一带一路"现代物流与供应链高质量发展大会等国际性活动,广泛吸引国内外科研机构、大学和企业参加,成为山东省参与"一带一路"国际科技合作的重要舞台。

五是推进企业的"走出去"和"引进来"。在"不出海就出局"形势面前,海尔集团、海信集团等企业纷纷"借船出海",抢抓机遇,加速布局"一带一路",掀起了山东省企业对外合作的高潮。2024年,作为海尔在中东非的首个数字孪生工业园,海尔埃及生态园在开罗正式开园。海尔的销售网络触达200多个国家和地区,通过本土化研发、本土化制造、本土化营销获得了广泛的认同。海信是中国最早"走出去"的企业之一,很早就提出"海信未来发展,大头在海外",在世界各地建立研发机构、营销机构、生产基地,初步形成全球"5+1"区域中心研产销一体化布局。截至2023年,海信海外收入达858亿元,占整体营收的42.6%。2024年上半年,全球100英寸①及以上的海信系电视出货量份额以58.5%稳居全球第1位。

三、青岛"一带一路"国际科技合作经验启示

2018年6月10日,习近平总书记宣布在青岛建设上合示范区。上合示范区聚焦"4+1大中心"建设任务,落实新亚欧大陆桥经济发展通道建设任务,是中国唯一面向上合组织国家开展地方经贸合作的国家级平台,为深化上海合作组织国家间的务实合作注入了新动能。

一是以商品贸易带动技术贸易。设立全省首个空港型综保区——青岛空港综合保税区,建设上合特色商品馆,引进上合跨境贸易服务中心、中钢贸易等贸易平台,累计集聚厦门象屿、奇瑞汽车等2000多家贸易主体,集聚约1.1万家上线企业。改善投资贸易合作便利化水平,探索制度创新,推进建设"丝路电商"综合服务基地,2023年电商贸易额达10亿元。建成投用青岛国际能源交易中心,围绕能源交易、供应链金融、数字化服务三大主线,上线原油、燃料油等主要交易品种,交易额达1700亿元。

---

① 1英寸等于2.54厘米。

　　二是以合作平台汇聚科技合作要素。聚焦工业互联网、高端装备等重点领域，积极拓展与上合组织国家和共建"一带一路"国家的产业合作。截至 2024 年上半年，青岛引进 130 多个项目，总投资达 2700 多亿元。推动与上合组织国家、共建"一带一路"国家在创新资源方面进行深度交流：规划建设上合科创综服基地，揭牌启用上合技术转移中心、鲁港科技合作创新中心，落地 Handle 技术应用标准联合实验中心等 20 余个国际科技合作项目；与"一带一路"沿线东欧独联体国家开展科技转移、技术创新、人才交流等领域的合作；深化与中白工业园合作建设常态对话洽商平台；启用上合示范区多式联运中心，构建起海陆空铁一体化物流运转体系；利用国际论坛、国际博览会等，加强与国外商协会、驻华使节和领事、跨国企业的联系；推动企业积极整合全球资源，布局全球智力技术创新和品牌管理资源，在供应链全球化与本土化经营的结合中寻找新机遇；建成上合组织国家青年创业中心和上合国家客厅、央企国际客厅两大"开放的超级市场"。

　　三是以多元融合的人文交流促进国际科技合作。开展教育培训、法律服务、人文旅游等多形式交流互动，促进民心相融相通。培育经贸人才，建设上合组织经贸学院。增强文化交流，建成启用青岛·上合之珠国际博览中心，分国别集中展示上合组织国家文化特色。优化法律服务，建设启用上合法智谷等线上涉外法律服务大数据平台；线下入驻数家国内外知名律师事务所，为经贸合作保驾护航。深化旅游合作，与一些上合组织国家的城市签署《上合组织国家旅游城市合作机制倡议》。

第三节　上海"一带一路"国际科技合作实践

　　近年来，上海在"一带一路"倡议中扮演了关键的枢纽角色，在"一带一路"科技合作领域取得了显著的成就。上海建设了"一带一路"技术转移中心，成功汇聚各类科技创新资源，构建起一个广泛的科技创新合作网络。在重点科研领域，上海通过共建联合实验室或研究中心，加强了"一带一路"国际科研合作。此外，上海还成立了"一带一路"科技创新联盟引领科技共同体发展，与新加坡、俄罗斯等重点国家开展深度合作等。

一、上海"一带一路"国际科技合作基本情况

上海在科技创新领域的原创能力日益增强，创业和创新环境的吸引力也不断提高。在世界知识产权组织发布的《2024年全球创新指数》中，上海—苏州科技集群居第5位[26]；在英国学术出版机构施普林格·自然公布的《2023自然指数—科研城市》中，上海居第3位；在中国科学技术发展战略研究院发布的《中国区域科技创新评价报告2024》中，上海综合科技创新水平指数居第2位[27]。上海与多个共建"一带一路"国家在光子技术、生物科学、海洋研究和能源开发等前沿领域，已建或正在建设一批具有国际竞争力的大型科学设施。这些设施不仅推动了重大科学发现，也提升了上海在全球科技领域的影响力。随着国际技术转移的活跃度不断提升，上海的跨境技术贸易也在迅速增长。上海的技术转移服务已经覆盖多个国家和地区，并在全球不断建立海外服务点。[28]

二、上海"一带一路"国际科技合作路径

一是以高校和研究院所为主体。上海在科技合作方面主要采取的是一种自上而下的合作模式，这意味着大部分合作资金都投入了高等教育机构和研究院所。因此，大学和研究院所在上海的科技合作中扮演着核心角色。上海利用其作为国内科研和教育中心的地位，加强与国际科技创新人才及顶尖科研机构的互动，优化本地高校的科技合作模式，加速建设由高校领导的前沿科研机构，并激励这些高校和研究机构与共建"一带一路"国家积极建立合作关系，推动上海科技合作向更高质量、更可持续的方向发展。[29]

二是发挥对外开放"桥头堡"优势。金融对科技的发展起着重要的支撑作用。上海凭借开放的商业环境和坚实的商业基础，大力吸引科技金融资本。在上海，外资研发中心是科技创新中心建设的一支重要力量，其数量在全国占比超过四分之一。这些外资研发中心通过在上海的布局，不仅促进了开放式创新模式的发展，还为有需求的中小企业提供了科研支持。

三是集聚海外科技人才。上海利用其在集聚资源方面的优势，通过

吸引人才、引进国际专家和开展联合研发项目等方式，加强本地研究机构和高校的科研实力，丰富人才储备，并确保其科技创新能力的持续和高质量发展。出台《上海市人民政府关于进一步支持外资研发中心参与上海具有全球影响力的科技创新中心建设的若干意见》《上海市浦江人才计划管理办法》等政策文件，着重吸引世界级创新机构和顶尖人才团队，鼓励并支持跨国企业的研发中心、国际杰出人才及其团队投身于科技创新中心的构建，深入参与到上海的城市创新体系之中。

四是推进对外科技合作交流。上海依托丰富的科技资源，积极拓展与国际伙伴的合作渠道。通过与外国政府、国际组织、学术界和企业等多元主体开展广泛的交流与合作，构建和深化长期且稳固的合作伙伴关系。同时，注重在"一带一路"倡议和"长三角一体化发展"等战略框架下开展国际科技合作。设立国际合作项目，通过提供项目资助的方式，鼓励和支持企业、高等教育机构以及科研院所参与到"一带一路"倡议下的科技创新合作中。[30]致力于构建长三角地区的科技创新共同体，与江苏、浙江和安徽等地的相关机构携手，共同推进国际科技合作项目。

三、上海"一带一路"国际科技合作经验启示

一是积极开展"一带一路"国际合作项目。上海积极与共建"一带一路"国家及地区建立科技合作的政府间联系。在"科技创新行动计划"中专门设立新加坡、越南等类别国际合作项目，以加强对"一带一路"倡议中重点国家的科技合作支持。同时，注重深化与创新能力突出的"关键国家"的科技合作关系。例如，上海与以色列创新署合作，积极推动"产业创新合作项目"的资助计划。上海和新加坡达成新的合作协议，旨在促进双方在科技、金融和商业等领域的深入合作。例如，在新加坡设立海外创新基地，开启双向跨境加速孵化服务，引进新加坡创业团队落户上海，加速上海科技企业成功出海东南亚。

二是建设"一带一路"技术转移中心。上海通过与共建"一带一路"国家的合作，共同开发技术转移机制，加速科技创新成果的商业化和应用，使得这些成果能够在更广泛的领域产生影响。建设中东、东南亚、东亚、中亚分中心，链接亚太地区等共建"一带一路"国家的技

术转移资源，促进技术引进和科技创新成果的快速市场化。与共建"一带一路"国家共同打造实体化、以市场为导向的技术转移服务机构，组织"一带一路"科技创新联盟成员单位参与"一带一路"科技创新联盟国际研讨会、"一带一路"与全球治理国际论坛等活动，推进国际技术转移。

三是围绕重点科研领域共建联合实验室。上海致力于在重点科研领域与共建"一带一路"国家共同建立联合实验室，这一举措加速了创新资源的整合，为开展国际化，高水平的科学研究和关键技术的研发提供了有利条件。上海在生物医药、电子信息、先进材料等重点领域与多个共建"一带一路"国家合作，共建联合实验室。[31] 上海第一家"一带一路"联合实验室中国—匈牙利脑科学"一带一路"联合实验室，由中国科学院脑科学与智能技术卓越创新中心承建，中匈双方由此在神经科学领域开展深入合作。截至 2024 年，上海不断巩固拓展国际大科学计划、大科学工程，以及科技合作协议和合作项目，设立 39 家"一带一路"国际联合实验室，吸引 561 家外资研发中心，国际科技创新中心地位进一步巩固。

四是开展科技园区合作共赢。上海将张江国家自主创新示范区作为主要平台，持续推进与共建"一带一路"国家在科技园区建设方面的合作，加强双方在园区发展上的协同与交流。2018 年，上海利用已有合作基础，探索与白俄罗斯开展园区合作，推动上海科技企业"走出去"。2019 年，中以（上海）创新园成立，聚焦人工智能和机器人、医疗健康与生命科学等领域。截至 2023 年，该园有 100 多家创新创业企业入驻。

五是引领科技共同体发展，推动以"一带一路"科技创新联盟为核心的建设。"一带一路"科技创新联盟构成跨国界的非营利团体，成员包括沿路国家的大学、研究机构、公司及科技服务团体等。借助高效的管理方式，联盟汇聚了来自各方的智慧。联盟的职责涵盖推动科技与人文的交流、创建合作实验室、加强科技园区协作、促进技术转移和构建科技创新智库等。自成立以来，联盟成功组织了多项包括技术转移、创新企业展示、技术与政策培训等在内的活动。借助联盟的纽带功能，上海交通大学、同济大学、国家技术转移人才培养基地（东部中心）

和中国科学院曼谷创新合作中心等单位和机构，与众多共建"一带一路"国家构建了紧密的合作网络，共同推动了科技领域的沟通与进步。

第四节　宁波"一带一路"国际科技合作实践

宁波坚持将服务国家战略大局和增强发展动能相结合，深度融入新发展格局，在新能源、环保、生物医药、信息、智能制造等多个领域与共建"一带一路"国家开展科技合作，取得了扎实成果。据宁波海关统计，2024年前10个月，宁波口岸与共建"一带一路"国家的进出口贸易规模持续扩大，达到9704.3亿元。其中，进口3203.5亿元，增长1.7%；出口6500.8亿元，增长7%。宁波在"一带一路"合作过程中充分彰显了一流强港、开放通道、数字贸易等特色优势，取得了丰硕的建设成果。[32]

一、宁波"一带一路"国际科技合作基本情况

2023年年底，浙江公布了推进"一带一路"建设成果清单（共60项）。[33]其中包括"宁波舟山港建设世界一流强港"等21项开放合作平台，"中国—中东欧国家青年科技人才论坛"等8项会议论坛活动，宁波东方日升马来西亚太阳能电池组件项目等21项产业项目及园区，宁波北仑跨境贸易投资高水平开放试点等5项规则制度开放。可见，宁波在浙江的"一带一路"建设规划与推进中占据着重要地位。此外，2023年，宁波有《共时代·共丝路·共强港——海丝港口国际合作愿景与行动》等6项成果被列入"一带一路"国际合作高峰论坛成果清单。宁波还建有3个境外产业园区，分别是百隆（越南）纺织园区、贝宁中国经济贸易发展中心和印尼OBI产业园。

一是政策加持，助力流通。出台《宁波"一带一路"建设综合试验区总体方案》，提出建设全国首个"一带一路"建设综合试验区，谋划"一带一路"港航物流中心、投资贸易便利化先行区、产业科技合作引领区、金融保险服务示范区和人文交流门户区建设项目，确立宁波"一带一路"倡议枢纽城市的功能地位。完善《宁波市境外经贸合作区认定暂行办法》，通过规划引导、财政支持和考核考评，形成市级境外

经贸合作区的梯队培育机制。发布《宁波市创建"一带一路"中国—意大利（宁波）园区行动方案（2019—2025年）》，加快中意宁波园区创建工作。设立专项基金支持共同研发、技术转移、国际标准制定等科技合作项目，以促进技术创新和国际竞争力提升。支持建设国际科技合作基地、企业海外研发中心等平台，有效推动与共建国家的科技交流和合作，促进本地科技创新和产业升级。

二是创新驱动，开展国际合作。在"一带一路"科技合作框架下积极参与多个项目，并通过高新技术企业和研发机构推动科技创新、成果转化和产业升级。例如，宁波力勤作为一家镍全产业链公司，抢抓"一带一路"、RCEP生效实施等重大机遇，加强国际合作，不断向行业上下游延伸，完成了对镍产业链环节的垂直整合。除传统镍产品贸易居全球第1位外，宁波力勤还成功转型镍钴材料的生产，产品广泛应用于新能源汽车等下游领域。

三是"海陆空"并进，畅通开放通道。"海上丝绸之路"联通全球。2023年，宁波舟山港"一带一路"航线达125条，数量较2013年增长71.2%，货物吞吐量连续多年稳居全球第1位；宁波舟山国际航运中心发展指数排名跃升至全球第9位。"空中丝绸之路"扩面提质。2023年，宁波开通4条第五航权货运航线，与10个共建"一带一路"国家实现客机航线联通，与9个共建"一带一路"国家实现货运航线联通。随着丝路品牌影响力不断扩大，宁波举办多届海丝港口国际合作论坛。

四是资金融通，架起丝路"金桥"。从2013年到2022年，宁波与共建"一带一路"国家年进出口额从2282.8亿元增长到5406.8亿元，年均增速为9.5%，高出宁波外贸平均增速1.8个百分点。"走出去"加速布局，设立省级境外经贸合作园3家。在"一带一路"倡议提出十年之际，宁波累计在共建"一带一路"国家设立境外企业461家，中方投资备案额达72.9亿美元。"引进来"重点突破，吸引共建"一带一路"国家在甬投资企业1711家，实际利用外资29亿美元。

二、宁波"一带一路"国际科技合作路径

一是项目合作与成果转化并重。宁波不仅注重项目合作本身，而且

注重合作成果的应用和转化，希望促进科技成果在地方经济社会发展中的应用。境外园区由过去的加工制造为主，逐渐向商贸物流、高新技术、科技研发等多元化方向转型。境外经贸合作区成为企业国际化布局的组织平台。例如，宁波纺织企业百隆东方通过建设境外园区，将75%的产能转移到越南，营业收入、利润均实现大幅增长。在当前复杂的国际国内形势下，宁波企业积极依托境外经贸合作区加速布局海外物流仓储设施。截至2022年，宁波有近70家企业在全球23个国家和地区建立200多个海外仓。

二是多途径促进人文交流与科技合作。教育合作亮点凸显，成立全国首个"一带一路"产教协同联盟，与近90所院校建立合作关系，签署近百项教育合作项目。其中，宁波职业技术学院成为全国唯一的中国职业技术教育援外培训基地。文旅合作深入开展，与文旅部在保加利亚合作设立索非亚中国文化中心，组建浙东南—中东欧旅游合作联盟、海丝古港旅游合作联盟、丝绸之路旅游城市联盟。友城合作纵深推进，共建"一带一路"国家友好城市不断增加，率先在全国实现中东欧国家"友城全覆盖"。

三是注重双向协调发展。宁波在与共建"一带一路"国家开展国际科技合作时，既注重引进先进技术和管理经验，也注重输出本地创新成果。宁波连续承办"中国—中东欧国家投资贸易博览会""中国—中东欧国家青年科技人才论坛"。中阿（宁波）国际创新中心不仅引入了阿拉伯国家在能源、水处理和环境保护等领域的先进技术和管理经验，而且为浙江省的企业提供了进入中东市场的桥梁。

三、宁波"一带一路"国际科技合作经验启示

宁波在与共建"一带一路"国家开展科技合作的过程中积累了丰富的经验，这些经验对开展国际科技合作具有重要的启示和借鉴意义。

一是高质量构建开放合作平台。宁波依托自身的行业优势，构建开放型的国际合作平台，吸引全球科技资源和创新主体。通过建立国际科技合作区、科技园区等形式，为国际科技合作打造物理空间和政策环境。这些平台不仅吸引了外国科技企业和研究机构的入驻，还促进了国内外科技人才的交流与合作。

二是重视产学研用结合。宁波在与共建"一带一路"国家开展科技合作时，强调高校、研究机构和企业之间的合作，注重通过建立经贸合作区、科技创新中心等平台和机构，促进科技成果在地方经济中的应用和转化。

三是打造特色合作项目。宁波在与特定国家的科技合作中，根据自身产业特色和技术优势，精准进行需求的对接，开展有特色、有深度的科技合作项目。

第五节　苏州"一带一路"国际科技合作实践

2014年12月，习近平总书记在视察时赋予江苏"一带一路"交汇点的重大战略定位。从贸易到投资，从产品到平台，苏州主动融入"一带一路"建设。全市开放型经济实现了由"引进来"为主，向"引进来"和"走出去"并重的转变。苏州与共建"一带一路"国家贸易额，从2013年的699.5亿美元跃升至2022年的1370亿美元。截至2022年，苏州企业在共建"一带一路"国家共投资116个项目。2024年，《国家创新型城市创新能力评价报告2023》发布，苏州居第9位。苏州正进一步发挥在科技创新、工业制造、现代服务、营商环境和人文历史等方面的优势，创新经贸投资合作、产业核心技术研发、国际化融资模式，增强金融服务功能，重点建设服务"一带一路"的高端要素配置枢纽。

一、苏州"一带一路"国际科技合作基本情况

苏州通过一系列政策引导计划，大力推动国际科技合作。高校、科研机构和企业与共建"一带一路"国家在研发、技术转移和海外示范应用等方面开展深入合作。2024年11月，商务部印发《支持苏州工业园区深化开放创新综合试验的若干措施》，提到在苏州布局建设重大创新平台，加强重大科技基础设施和国家实验室统筹协同，打造以国家实验室为引领、全国重点实验室和江苏省重点实验室为支撑、苏州市重点实验室为基础的实验室创新体系，推进实验室管理体制和运营机制创新，推动苏州实验室、国家生物药技术创新中心、国家第三代半导体技术创新中心（苏州）等先进技术平台高质量发展，高标准规划建设桑

田科学岛，支持苏州工业园区建设一批海外离岸创新中心。

一是共建联合实验室。苏州针对共建"一带一路"国家的发展需求，积极发挥本地高等教育和研究机构的带头作用，与国际伙伴共同打造"一带一路"联合实验室。例如，苏州获批建立"中国—葡萄牙文化遗产保护科学联合实验室"。联合实验室在澳门科技发展基金、澳门基金会的大力支持下，由澳门城市大学联合葡萄牙埃武拉大学、苏州大学共同建立，是江苏省文化遗产保护领域的国家级学术研究平台。联合实验室致力于中国传统文化、文化遗产保护、"海上丝绸之路"等领域的前沿研究，践行文化遗产保护创新和实践，以保护"海上丝绸之路"沿线文化遗产为己任。实验室吸引了来自"一带一路"沿线的高端科研人才，推进了高水平的科学研究，激发了各创新主体的活力，促进了科技资源在各主体间的共享，从而提高了科技创新的协同效率。

二是扩大"一带一路"科教文卫交流。苏州独墅湖高等教育区是苏州市发展高等教育、大力培养创新人才、增强城市综合竞争力的重要建设项目。2002年，苏州新加坡工业园在独墅湖畔划出10平方千米的土地建设"研究生城"，后改为"独墅湖高等教育区"，最终定为"独墅湖科教创新区"，功能定位从最初的单纯人才培养向集聚科教创新资源转变。截至2022年，独墅湖科教创新区内聚集了33所国内外知名高校、5所职业院校，以及5000余家科技型企业。园区每年约有1.3万名毕业生，其中有三四成选择留在园区工作。高等教育区的建设明显提升了苏州科技实力。在世界知识产权组织发布的有关全球创新指数的报告中，苏州从2018年的第100位，攀升到2021年的第63位。在《2022年全球创新指数》中，苏州首次与上海合并成为一个科技集群，居第6位。2023年，该科技集群的排名上升至第5位。苏州也很重视人文交流。教育交流合作持续深化，苏州高校积极接收共建"一带一路"国家各类进修生；医疗卫生援助持续加大，吴门医派走出国门；文化旅游品牌持续推广，苏州文化旅游产品推介会等交流活动不断开展。

三是紧扣自贸区建设。2019年8月，江苏自贸试验区设立，约一半区域在苏州片区。苏州自贸片区围绕苏州工业园区建设世界一流高科技产业园区的目标定位，紧抓"一带一路"倡议、长江经济带发展战略、长三角一体化发展规划的机遇，充分发挥国家级开发区、国家开放创新综合试验、自主创新示范区与自由贸易试验区叠加联动优势，以制度创新为核心，大胆试、大胆闯、自主改，聚焦产业高端升级与创新驱动发展，着力打造具有国际竞争力的"2+3+1"特色产业体系。截至2024年11月，累计形成全国全省首创及领先的制度创新成果210项，其中13项在全国示范推广，53项在全省示范推广。

四是推进科技合作园区建设。苏州利用自身产业实力和园区开发经验，与国际伙伴合作，成功打造了苏州工业园区等标志性项目。在海外，苏州投资建设了埃塞俄比亚东方工业园等国家级和省级产业园区。这些园区已成为"一带一路"合作的典范，为中国企业的国际化提供了重要平台。

苏州工业园区：苏州工业园区是江苏省在中外科技园区合作方面的一个开创性案例。该园区与新加坡的多个政府机构、大学和企业，如新加坡科技研究局、新加坡国立大学、南洋理工大学、腾飞集团和NCS集团等，建立了紧密的合作伙伴关系。这些合作有效地促进了中新两国在生物医药、纳米技术和大数据等关键领域的科技创新项目的规划和实施。苏州工业园区的这一成功模式正在向国际扩展，并在中国—白俄罗斯工业园和中阿产能合作园等项目中得到应用，为全球"一带一路"园区建设贡献了"苏州经验"。[34]

埃塞俄比亚东方工业园：埃塞俄比亚东方工业园是埃塞俄比亚第一个由外资建设并正式运营的工业园，由江苏永元投资有限公司于2007年开始投资建设。这座由中国民营企业投资的工业园，开启了中国工业园模式助力埃塞工业发展的历史篇章。埃塞俄比亚东方工业园成为中国在埃塞俄比亚的示范工程，园内企业以来自江浙的中资民企为主。不过，除了中资民企，也有联合利华这样的外企。截至2024年，搭乘"一带一路"倡议的东风，该园累计实现总产值21.5亿美元，吸纳就业2.4万人。

中德（昆山）国际智能制造产业园：中德（昆山）国际智能制造产业园聚焦智能终端产业，融合研发、生产，致力于打造全产业链、生态链的智能制造基地，构建国内一流的智能科创示范基地。该产业园积极深化对德合作成果，助力产业强链补链延链，并叠加行业协会赋能引领，招引国际智能机械装备产业项目和相关行业协会研发创新中心，集合食品机械、汽车零部件自动化生产设备、高端数控机床、传感器等相关国内外行业头部项目，形成完整智能装备生态产业链，以提升装备产业创新发展，加快发展新质生产力。

中德制造业科创联盟产业园：作为中国德企之乡，太仓集聚了 300多家德企。中德制造业科创联盟产业园希望在原有基础上汇聚智能制造、高端研发等功能，引进科技孵化、企业加速器等高层次载体。太仓坚持把德国先进的制造技术、制造经验引进来，其中德制造业科创联盟产业园总产值预计将达到 150 亿元。

五是持续深化与新加坡的合作。新加坡是苏州实际使用外资的重要来源地。在中新合作建设的苏州工业园区成立以来，苏州累计实际使用新加坡资本超百亿美元。新加坡在苏州投资企业数量持续增长，全市各板块依托中新合作国家级平台，打造多个跨境投资公共服务平台。2024年是苏州工业园区成立三十周年，随着中新两国不断深化合作，苏州着力将中新"国际化走廊"建成"一带一路"标杆项目，培育新加坡苏州商务中心、苏州工业园区国际商务合作中心，推动两地资源要素高效流动，服务两地企业"走出去""引进来"，助力苏州成为中新合作典范城市。新加坡国立大学苏州研究院作为中新两国在科技、文化领域合作的重要平台，持续汇聚科技创新资源，积极推进国际科技创新、国际技术转移体系建立、国际高端人才集聚、国际化人才培养等融合创新工作，为苏州工业园区建设世界一流高科技产业园区提供支撑，为中新合作赋予新的内涵与活力。

六是注重构建国际交流对接机制。苏州精心承办第四次中国—中东欧国家领导人会晤、首届"一带一路"能源部长会议和国际能源变革论坛、2024 年"一带一路"产业园发展论坛（ESG 绿色园区专场）等重大国际活动；深入推进国际友城交往，不断增加结交城市；推动中新合作走深走实，在项目合作、深化双向开放、科技创新和服务贸易、城市建设、社会治理等方面多维度发力。[35] 在科技服务平台的架构过程中，苏州因地制宜考虑合作基础及产业相关程度，重点关注以德国为代表的欧洲国家及以新加坡为代表的东盟国家，以实现信息共享和资源整合的提效。技术转移创新方面，苏州积极融入全球创新网络，汇聚全球创新资源，来自新加坡、日本、韩国等国家的国际技术转移服务机构积极响应。创新合作网络致力于配置海外优质创新资源、服务苏州产业技术创新需求，为企业对接国际创新资源提供平台。

七是企业的"引进来""走出去"与共建国家螺旋共振。苏州抓住国际产业分工调整的机遇，积极鼓励企业专注于产业链的优势，通过跨国投资和并购，加速企业国际化进程。苏州企业积极整合自身产业优势与地区发展潜力，与共建"一带一路"国家合力推动产业融合发展，促进经济"质""量"同步提升。苏州积极推动有实力、有意向的企业"走出去"，拓展国际资源，开展产能合作，涌现出一批参与"一带一路"建设的典型企业。例如，亨通集团、莱克电气、科沃斯等企业坚持把对外投资重点放在共建"一带一路"国家上，完成境外并购后积极引入高端产业和先进技术，推动省内相关产业的提升和企业的优化升级，充分发挥出协同效应、规模优势。再如，贝康医疗成功采用"并购+合作"双路并进的模式，大手笔布局辅助生殖领域全产业链，收购新加坡吉纳生物医学控股有限公司。收购完成后，贝康医疗成功引入国际领先的产品和技术，节约了研发时间并且加快了核心产品的国产化进程。这种"跨境投资+返程国产化"或"产业基金+上市公司直投"的发展模式，使企业在"走出去"与"引进来"的良性循环中向高附加值和高端方向升级。

二、苏州"一带一路"国际科技合作路径

（一）苏州开展"一带一路"国际科技合作的优势

一是地理区位优势。苏州处于"一带一路"交汇点、大江大河交汇处，地理位置优越，水陆交通发达，为对外开放和国际合作提供了便利条件。例如，2012—2023年，苏州中欧班列发运数从1列增至500列，进出口货值从0.06亿美元增至21.02亿美元。

二是科教文卫资源丰富。截至2023年10月，苏州拥有高校36所，在校生29.45万人。[36]这些高校的专业各具优势与特色，共同助推苏州创新能力的发展。苏州依托丰富的科技资源，与共建国家共同设立"一带一路"联合实验室。在职业教育方面，苏州探索跨国、跨校人才培养新机制，成立东南亚职业教育产教融合联盟。联盟积极搭建教育信息、学术资源共享交流合作平台，探索双边、多边联合办学模式，共同构建

新的人才培养机制，培养具备宽视野的高素质技能技术人才。苏州与有
"一带一路"海外布局的企业开展深度合作，通过学历生、合作办学 2+1、
企业委托培训等项目，培养具备高技术技能的应用型人才。

三是苏州工业园区模式成熟。苏州工业园区是江苏"一带一路"
交汇点建设的亮点。例如，苏州工业园区按照超前规划理念，科学研判
产业发展形势，保证了产业与配套定位的延续性与合理布局，为未来发
展留下弹性延展空间；开展高效招商，依托资金链、人才链、创新链、
产业链四链融合，以专业精神打造出生物医药、纳米技术应用、人工智
能等产业创新集群名片；实现科产城人融合，注重软件创新，智慧园
区、节能环保等运营管理体系有效提高区域管理效率，配套邻里中心等
生活设施，在生产集聚的同时打造区域高质量生活。

四是产业基础雄厚。苏州工业门类齐全、产业基础深厚，产业创新
集群建设迅速成势。苏州以"交汇点"为战略定位，推动一批具备实
力和良好信誉的企业"走出去"，显著提升了企业的国际化水平。同
时，企业之间建立了对外贸易联盟，并搭建了相关的交流平台，使全市
跨境公司数量不断增加。

（二）苏州开展"一带一路"国际科技合作存在的短板

一是合作起步较晚。苏州与欧美发达国家的合作起步较早，关系紧
密，并且以发达国家的资本、人才和技术等创新资源的单向流入为主；
与共建"一带一路"国家的合作则起步较晚。相比之下，广东等沿边
省份很早便与东盟国家建立了紧密的合作关系，积累了丰富的合作经
验，合作形式也更加多样化和系统化。

二是融通共建国家文化缺乏基础。广东与香港、澳门毗邻且与东盟
多国有广泛交流，双方在科技创新方面展开合作时有着比较便利的文化
条件。苏州缺乏与共建"一带一路"国家之间文化交流的良好基础，
这一定程度上阻碍了科技创新合作的深化。

三是"一带一路"科技创新平台高质量发展有待强化。科技创新
支撑引领高质量发展，需要借助科技创新平台把握世界科技前沿方向，
紧跟国家战略和社会实际需求、科技成果转化与市场需求等信息动向。
苏州当前尚缺乏具有国际影响力的、标志性的科技创新平台和技术转移
联盟。

四是苏州平台型领军企业数量和规模有待提升。从全局看，苏州的创新能力、创新主体和创新要素的活跃度有待加强。企业作为创新的重要主体，能够有效激活资本、技术等创新资源，但苏州企业研发机构的数量占比较低，在与共建"一带一路"国家进行科技合作时，缺乏在重大科技领域实现技术自主升级的能力。苏州尽管拥有一些优秀企业，但在大数据、人工智能、物联网和云计算等新兴领域，缺乏具有引领作用的平台型企业。

五是具有国际视野、综合能力的科研团队和管理类人才队伍亟待培养。具备国际化背景的高端技术人才不仅应拥有专业知识，还需深入理解产业发展和市场情况，这样才能精准带动产业"走出去"。具备国际化背景的高端技术人才的缺乏，以及熟悉国际合作规则的专业人才的缺乏，导致苏州无法准确把握国际科技前沿动态，不能敏锐捕捉国际科技合作机遇。

三、苏州"一带一路"国际科技合作经验启示

一是提升国际科技创新合作平台能级。高质量建设国际科技创新合作平台，推进重点合作园区发展。首先，深化国际合作与资源对接。积极与共建"一带一路"国家开展科技创新合作，落实现有双边和多边合作框架协议的基础上，签署更多双边和多边的科技创新合作协议。紧紧围绕苏州产业需求及发展需要，通过组织国际科技创新交流活动、论坛及展览，促进技术、人才和资源的流动，提升合作的质量和深度。其次，强化产业聚焦与创新引领。依据产业特点和优势，聚焦大数据、人工智能、新材料等战略性新兴产业，建立针对性的科技创新平台。最后，共建经贸合作园区（产业园），促进资源共享与互惠互利。随着"一带一路"红利逐渐凸显，苏州应强化"自贸区"等创新平台的高质量建设，以推动更高水平的开放与创新。苏州应以苏州工业园区的建设为标杆，打造一批优质的"自贸区""工业园区"，实现与"一带一路"交汇点的融合驱动发展，将苏州工业园区的建设经验推广至全省、全国，乃至全球。

二是加强国内国际合作的战略协同。首先，加强与粤港澳大湾区，特别是广深地区的战略协同，借助广深的科技辐射能力，增强与港澳地

区的科技合作和人才交流，推动长三角与粤港澳大湾区的科技创新资源对接。这将进一步加强苏州和粤港澳大湾区之间的创新合作，推动科教资源、科技人才和科研成果的互通，促进产业转移承接和科技成果转化。其次，加强与共建"一带一路"国家及全球主要创新中心的合作，建设国际科技合作园，形成国际科技合作名片，培育国际科技合作典型企业，推动国际产学研合作，积极参与国际大科学计划和工程，不断汇聚全球创新人才、技术和资金等，持续提升科技创新体系的开放程度，开创新的国际科技合作局面，形成新的国际科技合作高地，探索国际科技合作的新路径。最后，顺应国际科技合作的趋势，把握合作的重点和重心。在与中亚、东欧、南美等地区现有技术合作的基础上，深入挖掘全面技术合作的潜力，拓展合作深度与广度。在集成电路、生物医药、石油技术、海洋科技等领域开展科技交流与合作，扩大信息覆盖，提高交流效率，重视对接活动，掌握国际科技合作资源状况，将需求与供给有效匹配起来。

三是在重点科技领域进行合作，提升科技实力和国际地位。首先，围绕苏州重点发展的先进制造业产业集群，聚焦前沿新材料、生物医药等关键产业，与有关国家开展联合研发合作。积极支持苏州的企业和科研机构参与国际重大科学研究项目，整合高校和研究院所的优势科技资源，在国际重大合作计划中发挥作用。同时，加强与海外研发机构的合作，建立联合实验室、研发中心和技术转移中心等合作平台。其次，举办高水平国际学术会议和科技创新论坛，争取与"一带一路"国际科学组织联盟等组织共同举办重量级会议，邀请全球范围内的顶尖专家参与学术交流与合作，分享国内外的成功经验，从而完善科技创新的支撑体系，吸引重点科技领域顶尖人才涌入。同时，加快培育新一代的信息技术、生物医药技术等，推进新支柱产业的发展。

四是围绕重点产业领域，助推企业做大做强。围绕先进制造业集群和重点产业链，分析"一带一路"倡议合作方向和热点领域，广泛开展与"一带一路"创新城市的科技合作，提升科技创新水平。首先，抓住重点产业，进行双向产业投资。加大与国际友好城市的创新资源共享，共建研发中心和合作园区、互设合作基地、成立联合创投基金等。进一步支持龙头企业到相匹配的国家建设海外合作园区，推动产业链的全球布局和优化整合。探索新一轮国际科技合作新范式，结合对相关国家产业发展优势和热点的分析，加强高新技术产业的招商引资力度，设立国别产业园区，进行国家间高新技术产业园区交流合作。借力国内其他省市已设立的海外园区，鼓励苏州企业入驻，获得相关支撑条件。其次，鼓励企业"抱团出海"，加强海外护航。共建"一带一路"国家中，新兴经济体和发展中国家较多，劳动力资源、自然资源较丰富，资本的稀缺程度较高。苏州产业基础好、门类多、规模大、链条长，与共建"一带一路"国家具有较强的互补性。要鼓励企业联合起来，有组织地"抱团"出海，互通有无，信息共享，取长补短，共同合作，到共建"一带一路"国家主动寻找市场机遇，以获取资源保障，拓展产业链，推进国际产能合作提质增效。企业要结合经营的实际情况、投资项目的特点和目的地国家的政策等选择适当的模式出海，如选择实力和自己接近的企业合作、打造自己的国际化载体、进行并购。最后，助推跨国企业，提升企业科技实力。要不断促进对外开放，助力企业走向国际化，培育更多的世界级跨国企业。对于销售额在10亿元以下的企业，应该鼓励它们尝试与跨国企业进行合作，提升业绩；对于销售额为10亿—50亿元的企业，应该在财政、保险等方面提供支持，使企业能够有更多的发展空间，逐步使企业的对外营业额境外收入达到总资产的10%以上；对于50亿元以上的跨国企业，可以选择部分企业与其组成联盟，共同开拓国际市场，形成海外产业链，帮助企业进一步打开和占领国内外市场。

五是发挥科技智库作用，加大对科技战略人才的培养力度。在深化国际科技合作立项的范围、深度的同时，通过建立科技智库联盟等，加强各类科技智库之间的合作互动，构建以决策机构为核心，以科协、高校、科研院所、民间智库为支撑的交流合作体系，把支持科技智库开展国际科技合作作为国家科技外事工作的延伸与补充。促进科技智库进行对外交流，加强政府与科技智库在国际学术交流、前沿技术领域研究、科技考察和展览、人才交流和培训、科技咨询和中介等方面的互动与学习，共同助力国际科技合作。探索战略科学家成长机制，强化国家战略科技力量，培育一批思维敏锐、专业精深、熟悉政策的战略科技人才。

第三章
"一带一路"倡议下
新兴领域国际合作研究

第一节　半导体企业东南亚出海机遇与对策

全球半导体产业发展受到地缘政治、全球供应链重构、技术迭代等因素的影响，正在经历第三次产业链转移。一方面，西欧、美国、日本、韩国等国家和地区采取了"制造业回流""产能转移""供应链重构"等一系列措施。另一方面，东南亚国家吸引了全球大量半导体企业投资，半导体产业得到较快发展。东南亚芯片市场规模 2020 年约 270 亿美元，预计 2028 年达到 411 亿美元。

我国集成电路产业规模大、产量高、竞争力强、产业链完整。2023 年，我国半导体产业销售额为 16696.6 亿元，较上年增长 2.2%。其中，集成电路产业销售收入为 12276.9 亿元，增长 2.3%，占半导体产业总值的 73.5%；半导体分立器件销售收入为 4419.7 亿元，增长 2.2%，占半导体产业总值的 26.5%。

根据美国半导体行业协会报告，2023 年全球半导体市场份额居前 6 位的国家或地区为美国（50.2%）、韩国（14%）、欧洲（12%）、日本（12%）、中国台湾（7%）、中国大陆（7%）。随着 5G、人工智能等技术的深入应用，芯片需求量进一步扩大，我国半导体企业应抓住市场机遇，加强对东南亚国家及其他地区半导体产业的布局和投入，加强对外产业创新、科技创新合作，构建半导体产业新发展格局。

一、东南亚半导体产业发展概况

东南亚是半导体出口的重要地区，2022 年芯片出口占全球份额22.5%，已建成广泛的芯片组装、封装和测试产业集群。半导体产业作为新加坡的支柱产业之一，形成了从上游设备材料、IC 设计到制造再到封测的成熟产业链，吸引了不少国际半导体巨头。越南已成为美国第三大芯片出口国，与美国在半导体产业合作密切。马来西亚是全球第六大半导体出口国，拥有全球半导体封装、组装和测试市场 13% 的份额。2023 年，马来西亚成为美国最大的芯片组装品进口来源国，占美国芯片进口总量比例达 20%。泰国重点打造车用半导体产业链，作为日本汽车在东南亚的大本营，已经吸引到索尼、村田、京瓷、东芝等日资企业在泰设立晶圆制造工厂。印尼是东南亚地区最大经济体，拥有巨大的红土镍矿石储备。

东南亚半导体产业发展主要有以下特点。

一是成为全球半导体设备的主要供应者。新加坡是半导体设备厂商在亚太区域开展业务的重要根据地，KLA、泰瑞达、爱德万、Screen、TEL、应用材料、K&S等全球领先半导体设备制造商相继在新加坡设立了区域总部或生产/研发基地。根据IC Insights的报告，2021年新加坡在全球前导设备市场份额约为20%；根据TechInsights的报告，以新加坡为主的地区2021年占全球封装设备市场份额的50.6%，占晶圆制造设备市场份额的22.5%。

二是封测产能有望提升。马来西亚、泰国、新加坡、越南、菲律宾等东南亚国家已获得全球较大比例封测订单，领先的IDM（垂直整合制造）企业英飞凌、德州仪器、意法半导体、恩智浦，以及OSAT（外包半导体封装和测试）企业日月光、安靠、长电、通富等，均在东南亚有后道封测生产基地。东南亚本土也已涌现出UTAC（新加坡）、Inari（马来西亚）、Viettel（越南）等优秀半导体企业。根据国际半导体产业协会分析，IDM及OSAT或更多将其后道产能进行重构。据IDC预测，2027年东南亚地区全球封测产能份额可能增长至10%。

三是晶圆产能占全球产能份额较小。东南亚地区前导晶圆产能占全球份额相对较小，以新加坡、马来西亚为主。截至2022年，东南亚有63座晶圆厂，全球占比为4.3%。根据IDC统计，全球半导体前导晶圆产能主要分布在中国台湾和中国大陆，2023年其份额分别为43%和27%。不过，在格罗方德、联电、世界先进等企业加注投资、积极扩产的推动下，东南亚前导晶圆全球产能份额有望提升。

四是成为全球半导体资本涌入的重要区域。截至2022年4月，全球前20大半导体企业在东南亚共计拥有27个制造基地、9个研发中心、13个销售中心和7个区域总部。较多全球领先的IDM、OSAT企业在东南亚布局较大份额的后道产能，并积极扩产。东盟外商直接投资来源多样化。来自美国的外商直接投资增长41%，达到400亿美元，主要用于金融、电子等领域；来自中国的外商直接投资增长96%，达到136亿美元，主要用于制造、新能源汽车、数字经济等领域。全球主要半导体企业在东南亚的投资扩产计划见表3-1。

表 3-1　全球主要半导体企业在东南亚的投资扩产计划

公司	投资时间	被投资国家
格罗方德	2023 年	新加坡
联电	2022 年	新加坡
世界先进	2023 年	新加坡
三星	2022 年	越南
英特尔	2019 年	越南
德州仪器	2021 年	越南
德州仪器	2021 年	马来西亚
德州仪器	2023 年	马来西亚
德州仪器	2023 年	菲律宾
英飞凌	2022 年	马来西亚
英飞凌	2023 年	马来西亚
罗姆	2021 年	马来西亚
日月光	2022 年	马来西亚
安靠	2023 年	越南
通富微电	2023 年	马来西亚
博世	2023 年	马来西亚
索尼	2022 年	泰国
安世半导体	2021 年	马来西亚
意法半导体	2021 年	新加坡

二、我国半导体企业出海概况

在经济全球化进程面临挑战、出口业务的风险系数逐步提升的背景下，中国半导体企业的出海越来越普遍。企业进行海外扩张主要有四大驱动因素：战略、成本、市场和风险。当前以成本和市场为驱动力出海的案例较多，以战略和风险为驱动力出海的案例较少。总体来看，东南亚半导体产业链已形成分工协作格局，中国企业选择布局东南亚可以说是主动参与第三代半导体产业链转移。半导体企业出海主要途径有海外设厂、兼并收购、合作经营、建设海外研发中心等。下面介绍的四家半导体企业总公司位于江苏或在江苏有布局，它们作为半导体出海的先行者，通过布局海外扩张了市场，提升了行业排名，较早获得了出海红利。

日联科技选择在海外建设生产基地。2024年4月，日联科技首个海外生产基地——马来西亚工厂瑞泰科技落成。日联科技是提供以X射线技术为核心的智能检测解决方案的龙头企业，产品出口至约70个国家。瑞泰科技坐落于马来西亚南部，紧邻新加坡，面积近5000平方米，主要用于集成电路及电子制造、新能源电池、食品异物等领域AI智能X射线检测装备的生产，是连接日联科技与海内外客户、人才的桥梁。集成电路及电子制造领域X射线检测设备市场以国外竞争企业为主，日联科技的海外落子有助于在2D检测领域，尤其是百纳米级检测精度的检测设备，以及3D检测设备领域形成新质生产力，推动核心技术的产业化规模，进一步打破国外企业的垄断。

长电科技是企业兼并收购的代表。兼并收购便于对集团内部组织架构及业务结构进行持续优化，快速实现产业链的整合。长电科技分别于2015年、2021年完成了对全球龙头封测企业新加坡星科金朋和ADI新加坡测试厂房的收购。当时，星科金朋资产总额为143.94亿元，营收为98.27亿元；长电科技资产总额为75.83亿元，营收为51.02亿元。为此，长电科技引入了其他两家战略合作伙伴，搭建了"三层收购主体"来完成交易。这是收购成功的关键因素之一。收购完成后，长电科技封测业务跃升至国内第1位。2022年，长电科技成为全球第三大封测厂商。

通富微电采用合作经营模式。产业链整合可以为合作方带来优势互补和资源共享，利益方面则根据各合作方在合作企业中的股份比例进行分配。2016年，通富微电子投资3.71亿美元，完成AMD苏州及AMD槟城各85%股权的收购，与AMD一起设立了集成电路封测合资公司。合作双方共同参与管理决策和运营。在大客户的带动下，通富超威槟城和通富超威苏州营收实现快速增长。2017年合计营收占比为45.3%，2022年提升至67.1%。2024年，通富微电成为全球第四大封测厂商。

中芯国际是企业建设海外研发中心的代表。中芯国际与比利时微电子研究中心（IMEC）、德国英飞凌技术有限公司、法国泰雷兹集团、日本电产、丰田公司等企业达成合作研发协议，共同研究和开发先进的Fin FET晶体管结构、低功耗技术、传感器和射频技术等集成电路制造技术。相关合作提高了中芯国际在先进制程领域的研发能力，缩小了中芯国际与全球领先晶圆代工厂的技术差距。2023 年，中芯国际成为全球第五的晶圆代工厂。在 40 纳米和 28 纳米工艺节点上，中芯国际已经达到了全球领先水平。

三、半导体企业出海过程中面临的问题

一是竞争力度明显增大。东南亚各国政府通过促进外国资本与本地企业联营、向外国资本提供优惠政策来吸引外国芯片制造商，积极参与构建半导体产业链。一些国家的发展焦虑也会影响其政策制定，增加"黑天鹅""灰犀牛"事件发生的概率。例如，随着美国半导体出口管制措施的影响力逐渐扩大，中芯国际的海外合作大幅减少。在各国都拉起防止关键技术外流的警戒线后，成功引进海外优质半导体创新资源变得愈发困难。

二是半导体行业投融资受周期影响明显。作为典型的周期性行业，半导体行业的周期约为 4 年。其中，上行周期通常为 2 年至 3 年，下行周期通常为 1 年至 1 年半。2023 年全球半导体处于下行周期，并购热潮冷却，出现了大额收购失败案例。长电科技、通富微电在半导体下行趋势下积极进行并购，获得超额回报，其成功的关键因素是具有超越周期的战略定力和战略决心。此外，拥有一支熟悉半导体产业、具有国际化经验、高度专业化的操作团队，精耕细作开展后续经营，具备多渠道筹措资本的能力，用好"长线产业基金+国内龙头企业"的投资模式等也起到重要作用。同样，日联科技在 2023 年入驻马来西亚，既存在风险，也孕育着良机——扩大在 X 射线检测设备领域的领先优势。

三是上下游产业链不完整，配套设施不完善。东南亚地区普遍上下游产业链不完整，基础设施不完善，其公路、铁路、港口、桥梁、通信设施与国内有一定差距。这增加了生产过程的不确定性，且基础设施项目普遍投入大、工期长、回报慢，对将进行海外投资的企业来说需要非

常充足的资金。例如，半导体产业不仅用电量巨大，而且对电力的稳定性有着极高的要求，电力供应的不足和不稳定无疑会对企业产生很大影响。

四是劳动力素质有待提高。东南亚地区人口超6.5亿，约占全球1/10，是继欧盟后最大的单一市场。该地区人口结构年轻化，40岁以下青年人口比例约为70%，但劳动生产率比较低。按可比口径，越南和柬埔寨劳动生产率分别为中国的80%和60%。东南亚劳动力成本呈上升态势，将进一步挤压劳动力价格竞争优势。此外，专业人力资源不足是东南亚国家存在的普遍问题，半导体人才储备规模同实际需求相差甚远。以越南为例，2021—2025年半导体产业每年需5000名到1万名工程师，但当前半导体产业人才总量仅能满足需求量的20%，人力资源缺口较大。

五是营商环境差异提升经营难度。半导体企业出海经常遇到一些法律风险，包括国别法律不同、合同条款不完整或不合法、商标专利侵权、存在技术性贸易壁垒等。此外，还有货款回收困难、汇率风险高、劳资纠纷多、与当地政府有效沟通途径匮乏等问题。企业出海前应对目标国的法律法规和政策情况有充分的了解，及时研判各种风险，减少投资损失，同时准备好各种应急预案。

四、半导体企业出海对策

在中美科技竞争的背景下，东南亚同时与中国和美国保持紧密经贸关系，经济处于高速发展时期。我国如何应对当前东南亚分散掉部分芯片封测和电子产品制造产能的挑战，同时利用全球产业链重构带来的机遇，实现技术进步和跨越式发展，实现产业链价值提升，加快培育世界级产业集群和产业巨头？

一是着力培育新质生产力。做好顶层设计，在设备制造、芯片设计、第三代半导体等领域与新加坡等技术优势地区加强合作沟通，培育、壮大新质生产力，垂直强化现有业务，实现优势整合或互补，全面推动半导体产业基础高级化和产业链现代化。通过新加坡工业园、新加坡国立大学苏州研究院等平台，进一步加深技术合作。以共建实验室、共建产业园等方式，带动更多的企业"走出去"。通过"一带一路"创新合作项目，开展联合研发、技术转移转化和海外应用示范，发展新技术，挖掘培育新产业，使科技创新成为共建"一带一路"国家合作与交流的重要议题。

二是加强产业供应链合作。首先，提高国产供应链的能力。其次，建立"多方案"贸易渠道。例如，在东南亚建立贸易窗口，保证供应链进出顺畅。一方面，出口型企业可以在东南亚建立贸易窗口，改善贸易壁垒带来的限制，同时通过建立本地化的组装车间，充分利用东南亚国家人口红利。另一方面，随着装备材料及配套的原料、零部件逐渐成为"卡脖子"的焦点，有必要做好采购渠道的备份，形成"中国+N"格局。

三是提供高效金融支持。构建稳定、风险可控的金融保障体系，探索投融资创新模式，发展多级多元的融资体系和资本市场。放大"一带一路"投资基金及各级各类产业投资基金效应，编制集成电路产业重点企业出海重大项目清单，引导鼓励社会资本投向清单内企业和项目。加强与国家集成电路产业投资基金对接，支持龙头企业"走出去"，持续围绕半导体产业链进行深度聚焦和挖掘，使其在"一带一路"建设中发挥更大作用。

四是加强企业风险控制。政府部门应提供相应的信息交流平台、专业培训和政策支持，提升企业出海识别、应对风险的能力。企业在出海过程中，可能会遭遇关税、配额、补贴等方面的贸易保护主义障碍。因此，要加强企业出海风险控制窗口辅导，提供对相关企业的风险预警与风险评估服务，如项目建设、产品碳足迹认证、本地化部署等。企业自身要建立完善的风险应对机制，提前制定应对预案，以便在遇到贸易保护主义措施或其他不利因素时能够迅速应对；加强国际合作与沟通，与其他国家的企业和组织建立良好的合作关系，就贸易保护主义引发的问题提出对策；注重本地化经营，尽可能融入当地社会和文化，减少与当地政府和民众的摩擦。

五是联合开展专业人才培养。与处于技术和产业链领先地位的国家开展人才深度合作。新加坡拥有成熟的半导体产业人才培养体系，企业可通过与新加坡相关高校、科研机构建立合作关系，共同培养半导体产业所需人才；也可引进新加坡人才培养模式，为自身在全球范围内的业务发展提供有力支持。除了新加坡，企业与东南亚其他国家也要积极开展技术产业培训合作，为当地培养具备专业知识和技能的人才。例如，红豆集团在柬埔寨西哈努克港经济特区建有两所职业大学，既能满足当地产业工人培训需求，也有助于提升当地的产业技术水平。

第二节　生物医药企业东南亚出海机遇与对策

随着生物技术日益发展、生命健康需求日益复杂及社会日益老龄化，生物医药行业处于快速发展阶段。全球生物医药市场规模从2018年的2611亿美元增至2022年的3884亿美元，复合年增长率为10.4%，并预计在2027年以13.9%的复合年增长率快速增长至7435亿美元。发达国家在生物医药研发和商业化方面保持领先地位，中国、印度和一些东南亚国家则力争在全球市场中占据更大份额。

中国凭借良好的产业基础和政策环境，通过不断的创新和国际化战略，在基因工程、生物制药、医疗器械等领域积累了一定的技术优势，形成了众多生物医药产业高地，集聚了大批生物医药企业，培育了良好的产业链和创新生态，在全球医药市场中占据越来越重要的位置。与此同时，中国生物医药企业在集采等因素的叠加下，面临融资下降、国内竞争态势激烈、销售放量困难等发展困境。在此背景下，出海成为中国生物医药企业消化供给、赢回市场回报的关键策略。

一、东南亚生物医药产业发展概况

东南亚地区的生物医药产业发展迅速。例如，新加坡是东南亚生物医药产业的核心枢纽，拥有高度技能化的劳动力和不断增长的科学人才库。马来西亚在生物医药领域展现出强劲的增长潜力，尤其是在生物制药和医疗器械方面。印尼以疫苗生产和传统药物为主，近几年生物医药产业得到快速发展。泰国在疫苗生产和生物技术药物领域具有显著优势。

东南亚作为全球生物医药产业的重要区域，具有以下特征。

一是市场潜力大。2023—2027年，新兴市场，包括东南亚国家的药品市场年均复合增长率预计为5%—8%，显著高于发达国家市场的

2.5%—5.5%。例如,由于有庞大的人口,印尼的医疗设备和药品市场发展潜力巨大。2021年,印尼医药市场的价值达到1416亿印尼盾(约101.1亿美元)。2023—2027年,越南药品市场年均复合增长率预计达到6%—8%。此外,菲律宾医药市场的规模也增长很快。总体而言,东南亚药品市场依赖于国内生产与进口药品的结合。

二是创新人才引进和培育力度大。东南亚地区众多国家,如新加坡、马来西亚和泰国,在过去几十年间积极推动生物医药产业的发展,建立了完善的教育体系和科研基础设施。各国政府和私营部门联合开展多项计划,旨在吸引全球顶尖的生物医药专业人才,同时注重培养本地人才,如通过提供奖学金、进行培训和开展国际合作等方式不断提升科研人员和专业技术人员的素质和水平。其中,新加坡生物医药行业从业人员超过25000人,拥有强劲的研发人才竞争力。这些高素质的人才资源为生物医药产业的创新发展提供了坚实的基础。

三是研发基地高度集中。新加坡是东南亚主要的生物医药创新与研发中心,拥有超过300家重点企业及60多家跨国公司工厂基地。其研发中心涵盖临床科学、基因组学、生物工程等前沿领域。这不仅促进了新加坡药品研发及生产的创新能力,也吸引了葛兰素史克、默沙东、艾伯维、诺华、辉瑞、罗氏、赛诺菲、安进等众多国际企业的投资。越南积极投资生物技术和制药领域,通过引进外资和科技企业,在胡志明市和河内市创建了多个研究中心和实验室。泰国集中了多个生物科技公司和研究机构,通过设立研发基地推动生物医药创新。

四是产业园区配套体系优化升级。马来西亚的巴生港自由区、居林高科技园区等不仅提供了完善的基础设施与政策支持,而且推动了本地生物医药企业的集聚和升级。印尼在雅加达和泗水等地布局建设了多个生物医药产业园区,旨在为企业和团队提供创新和科研场所,吸引国际投资。菲律宾打造了克拉克自由港区和苏比克湾自由港区等生物医药产业园区,目的是为生物医药企业提供良好的发展环境。

二、我国生物医药企业出海概况

近年来,中国生物医药企业在进入国际市场方面取得显著的进展。首先,积极在全球主要市场进行布局。例如,复宏汉霖通过与Accord

BioPharma 合作，使汉利康（HLX01）在美国获得 FDA 批准，成为首个在美国上市的中国生产的单抗药物。其次，通过收购海外企业和技术合作，迅速提升自身的国际竞争力。2023 年，近 70 家中国生物医药企业通过并购与合作进入国际市场。此外，强生制药、默克、辉瑞制药等国际巨头对中国生物医药企业的创新能力表现出浓厚兴趣，进一步推动了中国药企的国际化进程。

随着中国生物医药行业快速发展，企业的创新能力明显提升。以信达生物为例，其自主研发的特瑞普利单抗已在多个国家和地区获得批准，并在美国和欧洲启动了多项临床试验。此外，中国医药市场规模的增大为生物医药企业提供了更大的研发和创新空间。政策支持也在不断加强。国家药品监督管理局实施了一系列鼓励新药研发和国际化的政策，为企业进行海外临床试验和药品注册提供了便利。同美国全球生物技术工业组织、美国药品研究与制造企业协会等组织的合作也为我国生物医药产品进入国际市场提供了更多的机会和支持。

生物医药企业出海基本要经历包括自主研发、国际合作、法规审批和市场推广的过程。我国生物医药企业主要通过借船出海、联手出海和自主出海的模式加速推进国际化进程。借船出海指通过 License-out（对外授权）等形式把产品的海外或者全球权益卖给海外企业，是中国生物医药企业采用最多的出海方式，如百济神州借船诺华制药出海。联手出海指通过股权授权、销售渠道合作等方式与海外成熟的企业合作，分担成本和收益，如君实生物联手 Coherus、信达生物联手 Etana。这有助于减少政策壁垒。自主出海指企业自主掌控全流程，在海外开展临床试验，自建商业化团队。自主出海的例子有百济神州、传奇生物等。随着中国生物医药企业研发创新能力的提升和国际化竞争的加剧，联手和自主出海模式逐渐受到重视。下面介绍几个中国生物医药企业出海的典范。

第一，复宏汉霖。

复宏汉霖作为中国领先的生物制药公司，其出海过程展示了公司在国际市场上的成功经验和战略规划。2021 年，复宏汉霖宣布与欧洲制药公司签署合作协议，进一步扩展其在欧洲市场的业务布局；在中东、南美等新兴市场积极寻求合作伙伴，加速产品的全球化进程。此外，复宏汉霖通过设立独资子公司，在重要市场如美国和欧洲建立了自己的销售团队和市场推广团队，以更好地控制市场进入、产品推广和销售策略。2022年，复宏汉霖在全球市场的销售收入同比增长超过50%，其中海外市场贡献显著。公司财报显示，复宏汉霖的汉利康在美国市场上市首年销售额达到5000万美元，展现出强劲的竞争力。

复宏汉霖还注重加大研发投入，提升创新能力。截至2023年，复宏汉霖在全球范围内开展了超过20项临床试验，覆盖肿瘤、自身免疫等多个领域。复宏汉霖在美国和欧洲设立了多个研发中心，吸引了一批国际顶尖的研发人才，为未来的持续创新打下坚实基础。

我国政府推出的一系列鼓励新药研发的政策，如简化药品注册和临床试验的程序，极大地促进了生物制药企业的全球化进程。复宏汉霖作为其中的佼佼者，通过多元化的出海方式和成功的国际化战略，不仅在国际市场上赢得了声誉，也为国内生物制药企业树立了标杆，展现了中国企业在全球生物医药领域的竞争力和影响力。2023年，复宏汉霖的全球市场销售额达到3亿美元，其中海外市场贡献了约40%。这进一步验证了复宏汉霖国际化战略的成功。

第二，君实生物。

君实生物通过自主研发、全球合作和布局国际市场，加速了自身国际化进程。其核心产品特瑞普利单抗（JS001）是中国首个自主研发并获FDA批准的PD-1抑制剂。通过与Coherus BioSciences合作，特瑞普利单抗在美国市场成功上市，上市首年销售额达到6000万美元。

2020年，君实生物与Eli Lilly签订全球合作协议，共同开发和推广其创新药物的国际市场。这一合作不仅加快了产品的国际市场进入速度，还提高了公司的品牌知名度和市场竞争力。同时，君实生物在欧盟、日本等关键市场积极寻求合作伙伴。此外，君实生物在美国和欧洲设立了独立的子公司，建立了完善的销售团队和市场推广团队。2022年，君实生物国际市场销售收入同比增长超过60%。公司财报显示，2023年，君实生物的全球市场销售总额达到4亿美元，其中海外市场贡献了大约50%。

第三，恒瑞医药。

作为中国领先的制药公司之一，恒瑞医药在国际化道路上取得了卓越的成绩。其核心产品卡瑞利珠单抗是中国首个通过 EMA 认证的本土创新药物。通过与 Incyte Corporation 合作，卡瑞利珠单抗成功在欧洲市场上市，上市首年销售额达到 7000 万美元。

2020 年，恒瑞医药与美国 DM 安德森癌症中心签署合作协议，联手进行多项关键临床试验，以加速产品的研发与市场化进程。同时，恒瑞医药在亚太、欧洲、中东等多个市场寻找合作伙伴和拓展业务。此外，恒瑞医药在北美及欧洲设立了独资子公司，组建了专业的销售团队和市场推广团队，以更加精准和高效的方式推行国际市场战略；在美国、欧洲和日本设立了多个研发中心，吸引了大批国际顶尖的研发人才，以保持其在技术创新方面的领先地位。2022 年，恒瑞医药在海外市场的销售收入同比增长超过 70%。

第四，药明康德。

药明康德专注于制药、生物科技和医疗器械研发外包（CRO），业务范围覆盖药物发现、开发、上市全流程。通过提供创新的技术平台与综合服务，药明康德帮助全球客户加速创新药物和医疗技术的研发和上市。药明康德的持续增长和扩展得益于其强大的技术平台和广泛的客户网络。公司在全球拥有超过 20 个分支机构和运营中心，遍布亚洲、北美和欧洲。在全球范围内，药明康德为数千家制药公司、生物技术公司和医疗器械公司提供服务。

2019 年，药明康德收购美国公司 Pharmapace，大幅增强了临床数据管理和统计分析服务能力。2021 年，药明康德收购奥地利的一家研发企业，进一步拓展了其在欧洲的研发能力。通过收购，药明康德得以为全球客户提供更加全面、集成的服务解决方案。同时，药明康德高度重视研发投入和技术创新，在全球范围内开展了数百项创新研究项目，涵盖基因组学、蛋白质组学、化学合成、生物分析等多个领域。此外，药明康德通过开放式创新平台——WuXi OPEN ACCESS，大幅提升了创新效率和成果转化速度。该平台集成了公司在全球的资源和技术，以帮助客户降低研发成本，缩短研发、上市周期。药明康德通过其全面的国际化战略和强大的技术平台，成为全球制药、生物技术和医疗器械行业的重要合作伙伴。作为中国 CRO 企业的代表，药明康德通过国际化拓展和创新研发，为全球医疗健康领域的发展作出积极贡献。

三、生物医药企业出海机遇与挑战

东南亚以其庞大且快速增长的市场规模、优越的地理位置和有力的政策支持，成为生物医药企业出海的重要目标。然而，激烈的国际竞争、知识产权保护的漏洞及复杂多变的监管环境也给生物医药企业的出海提出了诸多挑战。生物医药企业在拓展东南亚市场时需要全面评估机遇与风险，制定科学、有效的策略，以实现可持续发展。

（一）机遇

1. 市场规模快速扩展

一是存在人口红利。东南亚包括印尼、菲律宾、越南、泰国、马来西亚等国家，人口众多。该地区急速增长的医疗健康需求推动了生物医药产业的发展。二是经济快速增长。越南、马来西亚等东南亚国家经济的快速发展提升了居民收入，带动了医疗健康支出的增加。三是城市化进程加快。城市化率的提升催生了对高质量医疗服务的需求，马来西亚、泰国等国都在城市医疗服务方面增加了大量投资。四是有区域位置优势。东南亚位于亚太地区的交汇点，交通枢纽优势明显。新加坡更是作为全球航运和金融中心，提供了便利的物流和商业条件。五是加入"一带一路"倡议。东南亚是中国"一带一路"倡议的重要合作伙伴。此外，中泰高铁、中老铁路等重大基础设施建设项目进一步加强了区域内的经济联通。

2. 产业合作与政策支持

一是产业合作意愿强烈。东南亚与中国及其他国际市场的合作意愿显著增强，RCEP（区域全面经济伙伴关系协定）覆盖了东盟和东盟之外的多个国家，进一步促进了区域内的贸易和投资一体化。二是政策利好。泰国推出"泰国4.0"战略，马来西亚设立"马来西亚生物经济蓝图"，越南也颁布了一系列吸引外国投资的税收减免和投资激励政策。

3. 技术和人才资源互补

新加坡和马来西亚在生物医药领域有较强的科研实力。此外，新加坡设有Biopolis等多个生物医药研发中心，集聚了大量的研究机构和企业，人才资源丰富。新加坡国立大学、马来亚大学等高等学府培养了大量的生物医药人才，能为相关企业在东南亚的发展提供坚实的保障。

（二）挑战

1. 国际市场竞争激烈

一是外资企业竞争。东南亚市场吸引了如辉瑞、诺华、葛兰素史克等全球制药巨头的入驻，这对新进入市场的企业形成了巨大的竞争压力。二是价格竞争。面对激烈的市场竞争，部分企业可能通过降低药品价格来抢夺市场份额。这不仅压缩了企业的利润空间，也可能引发价格战和市场混乱。三是知识产权保护。泰国、印尼等国的药品仿制和假冒问题较为普遍，知识产权保护机制相对不健全。四是技术泄漏风险。在合作和技术转让过程中，企业面临技术泄露的风险，需要加强专利和技术机密的保护，以保障企业的核心竞争力。五是监管政策差异。东南亚各国药品监管政策各异。例如，新加坡采纳的药品监管标准较高，印尼、菲律宾等国的审批流程和标准则有较大差异。这种差异性增加了外国企业进入东南亚市场的难度。

2. 文化和市场环境不同

东南亚各国文化风俗多样，如马来西亚、印尼主要是伊斯兰国家，需要企业在产品设计和市场推广时特别注意文化适应性。中国企业初入东南亚市场时，需要花费大量资源来建立与本地客户、合作伙伴的信任关系。这个过程可能非常缓慢。

四、生物医药企业出海对策

2023 年，中国生物医药行业市场规模超过 4 万亿元（其中约 80% 来自以国家级高新区和经开区为代表的全国大大小小各类生物医药产业集群），产业链完整。面对东南亚市场，中国生物医药企业可以采取以下举措，以更好地实现出海东南亚的国际化发展目标。

（一）加强产业链合作

一是通过与东南亚本地医药公司、医疗机构、分销商等建立合作关系，共享资源和渠道，推动产品和技术的输出。如恒瑞医药与泰国和越南的多家医疗机构、医药公司建立了合作关系，共享供应链资源，降低生产和运输成本。二是开展科技合作，即与东南亚的科研机构和大学开展合作研发，实现技术互补，提升企业创新能力。

（二）加强企业风险控制

在拓展东南亚市场时，必须进行全面的市场调研和风险评估，识别并分析当地政策风险、市场风险和运营风险，加强风险控制，确保经营的持续稳定。积极与有经验的风险管理公司合作，共同制定市场进入策略和应急预案，有效规避市场的波动风险。建立专业的法务团队，以便在知识产权保护、合同管理和合规经营等方面得到专业有力的支持，切实维护自身合法权益。

（三）建立本地化运营团队

一是通过培养本地人才，提升企业本地化管理能力。广泛开展国际人才引进和交流项目，积极引进东南亚优秀医学人才和科研专家，打造国际化团队。二是招聘本地或有丰富海外经验的人才，包括营销、公关、法务等方面的专业人员。三是设立区域分支机构。在重点市场如新加坡、马来西亚和越南设立分公司或办事处，增强市场渗透力。

第三节　"一带一路"倡议下数字经济合作机遇与对策

数字经济已成为驱动世界经济增长的新引擎。"一带一路"倡议作为中国提出的重大国际合作倡议，为共建"一带一路"国家提供了前所未有的发展机遇。然而，各国数字经济发展水平各不相同。如何通过数字经济合作促进共建国家共同繁荣，成为值得研究的重要课题。共建"一带一路"国家和地区可以大致分为三类：一是以东南亚、西南亚为代表的地区，经济增长迅速，经济发展潜力大，开放程度较高；二是能源资源丰富、战略地位独特的国家和地区，如西亚、中东欧、独联体国家等；三是对中国来说，地缘政治地位突出、与中国合作日益密切的国家，如蒙古、俄罗斯、哈萨克斯坦等。这些国家和地区在经济社会发展水平、基础设施建设和数字化程度等方面存在较大差异，但总体而言，发展程度较低。发展数字经济，通过互联网和大数据技术优化国内要素资源的配置，可以有效助推共建"一带一路"国家经济、社会向更加高效、智能、普惠的方向转型。

一、数字经济和数字丝绸之路

在全球范围内，数字经济的快速发展正在重塑产业链、供应链和价值链，推动传统产业数字化转型，催生新的商业模式和经济增长点。发达国家纷纷制定数字经济战略，发展中国家也积极布局数字基础设施，努力缩小数字鸿沟。数字经济的发展不仅带来了经济效益，还在改善民生、促进社会进步等方面发挥着重要作用。

2015年，中国正式提出建设数字丝绸之路，旨在通过数字技术和数字经济促进共建"一带一路"国家的互联互通和共同发展，体现了中国与世界共享数字经济发展红利的愿景。数字丝绸之路涵盖了数字基础设施建设、电子商务合作、智慧城市建设、人工智能合作、云计算和大数据合作、数字人才培养等方面的内容。

二、共建"一带一路"国家数字经济发展概况

一是数字基础设施建设。共建"一带一路"国家的数字基础设施建设呈现出显著的差异性和快速发展的态势。网络覆盖方面，共建国家的互联网普及率差异较大。其中，中亚、南亚等地区的普及率较低，东欧、东南亚等地区的普及率较高。5G部署方面，中国、阿联酋、沙特阿拉伯等国家在5G网络建设方面走在前列。截至2023年，中国已建成全球最大的5G网络。其中，5G基站达337.7万个，5G移动电话用户达8.05亿人。其他国家如泰国、马来西亚等也在加快5G部署。数据中心方面，随着云计算需求增加，数据中心建设成为焦点。阿里巴巴、华为等中国企业相继在东南亚、中东等地区投资建设大型数据中心，提升了当地的数据处理能力。

二是数字产业发展。信息通信技术产业方面，中国、韩国等国在硬件制造、5G技术等领域具有优势。华为、小米等中国企业的智能手机在多个共建"一带一路"国家占据较高市场份额。电子商务方面，阿里巴巴、京东等中国电商平台积极拓展东南亚市场。东南亚本土电商如印尼的Tokopedia、新加坡的Lazada等也在快速成长。根据《2023年东南亚数字经济报告》，东南亚电子商务规模2023年为1390亿美元，2025年预计达到1860亿美元。金融科技方面，移动支付在多个共建

"一带一路"国家快速普及。例如,肯尼亚的 M-Pesa 移动支付系统用户超过 4000 万人,年交易额超过肯尼亚 GDP 的 40%。人工智能和大数据方面,阿联酋、沙特阿拉伯将人工智能作为国家战略,投入大量资源发展人工智能产业;中国在人工智能领域的投资总额和专利申请数量位居全球前列。

三是跨境电商和数字贸易。跨境电商方面,据海关总署统计,2023年我国跨境电商出口总额 1.83 万亿元,增速远超整体外贸出口增速。中国跨境电商平台阿里巴巴国际站、敦煌网等在多个国家建立海外仓和本地化运营团队。数字服务贸易方面,包括软件服务、在线教育、远程医疗等在内的数字服务贸易增长迅速。菲律宾等国在软件外包、呼叫中心等领域具有显著优势。数字自由贸易区方面,中国、马来西亚等国建立数字自由贸易区,通过简化通关程序、提供税收优惠等措施促进跨境电商发展。支付互联互通方面,中国与多个共建"一带一路"国家实现移动支付互联互通,如泰国、新加坡等国的商户可直接接受支付宝、微信支付。

四是数字治理与政策环境。数字经济战略方面,多个共建"一带一路"国家已制定国家级数字经济发展战略。例如,马来西亚的"数字经济蓝图"、泰国的"泰国 4.0"战略等都旨在推动经济数字化转型。数据保护法规方面,欧盟的《通用数据保护条例》对共建"一带一路"国家产生较大影响。中国、新加坡等国也相继出台数据保护相关法律。网络安全方面,随着数字化程度提高,网络安全成为各国关注重点。中国、俄罗斯等国强调网络主权,部分国家注重跨境数据自由流动。

三、共建"一带一路"国家数字经济合作机遇与挑战

(一)机遇

一是数字基础设施建设与互联互通。基础设施的完善为数字经济各个领域的发展提供了坚实基础,促进了数字贸易、跨境电商、在线教育等新业态的发展。网络覆盖率方面,通过共建光纤网络、5G 基站等,提高欠发达地区的网络覆盖率。国际通信能力方面,建设跨境光缆、通信卫星等,增强国家间的数据传输能力。数据中心方面,在战略节点建设大型数据中心,为区域数字经济发展提供支撑。例如,阿里巴巴、腾

讯等中国企业在东南亚、中东等地区投资建设多个大型数据中心。

二是数字产业协同发展。协同发展模式可以帮助共建"一带一路"国家克服单一市场规模不足、创新资源分散等问题，加速数字产业的发展和升级。产业链协作方面，发挥各国在产业链不同环节的优势，形成优势互补。技术创新合作方面，通过联合研发、技术转让等方式，推动人工智能、大数据、区块链等前沿技术的发展。数字产业园区建设方面，建设跨国数字产业园区，促进技术、人才、资本的集聚。例如，中国—马来西亚钦州产业园区数字经济产业合作区，为中国和马来西亚的企业提供了合作平台。

三是数字治理经验共享。通过共同应对数字经济带来的治理挑战，构建更加公平、安全、开放的数字生态系统。政策法规交流方面，分享数据保护、网络安全、数字货币等领域的立法和监管经验。例如，中国的《中华人民共和国网络安全法》、欧盟的《通用数据保护条例》等为一些国家提供了参考。数字政府建设方面，分享电子政务、智慧城市等领域的建设经验。例如，阿联酋的"智慧迪拜"计划、新加坡的"智慧国家"战略为发展中国家提供了宝贵经验。数字技能培训方面，合作开展数字技能培训项目，提升民众的数字素养。例如，华为的"未来种子"计划在多个共建"一带一路"国家培养 ICT 人才。国际标准制定方面，共同参与制定数字经济领域的国际标准，增强话语权。

（二）挑战

一是数字鸿沟与发展不平衡。尽管数字经济为共建"一带一路"国家带来了发展机遇，但各国之间及各国内部的数字鸿沟仍然不容忽视。基础设施差距方面，部分发展中国家缺乏基本的数字基础设施。根据国际电信联盟（ITU）的统计，2021 年全球有 37% 的人口没有使用互联网，其中大部分集中在发展中国家。数字技能差异方面，各国民众的数字素养水平差异较大，影响了数字技术的普及和应用。产业发展不平衡方面，在人工智能、大数据等前沿领域，多数共建"一带一路"国家与发达国家存在较大差距。城乡数字化水平差异方面，即使是在数字经济较为发达的国家，城乡之间的数字化水平也存在显著差异。

二是数据安全与隐私保护难以协同。随着数字经济的发展，数据安全和隐私保护问题日益突出。跨境数据流动方面，如何在促进数据自由流动和保护国家安全之间找到平衡，是各国面临的难题。一些国家实施了数据本地化政策，不过这也可能影响跨境数字服务的发展。个人隐私保护方面，随着大数据、人工智能技术的应用，个人隐私保护面临新的挑战。[37]各国在隐私保护立法和执法力度上存在的差异，增加了跨境合作的复杂性。网络安全威胁方面，随着数字化程度提高，网络攻击、数据泄露等安全事件频发。2022年，全球平均每天发生超过50万次网络攻击，造成巨大经济损失。数字主权争议方面，各国关于网络空间治理存在分歧。如何在尊重各国数字主权的同时促进开放合作，成为一个需要谨慎处理的问题。

三是技术标准与市场准入条件不统一。技术标准方面，在5G、物联网等新兴领域，各国之间和大型科技公司之间存在标准之争，阻碍了数字经济的全球化发展。市场准入条件方面，一些国家出于保护本国产业或国家安全考虑，对外国数字企业设置市场准入障碍。在软件、数字内容等领域，知识产权保护仍然是一个棘手问题。

四是数字经济治理能力欠缺。法律法规滞后，数字经济发展速度远快于立法进程，导致许多新业态、新模式处于监管真空状态。面对大数据、人工智能等新技术，传统监管手段往往力不从心。如何运用科技手段提升监管能力，是各国面临的共同挑战。国际协调机制缺失，在跨境数据流动、数字税收等问题上，缺乏有效的国际协调机制。具备数字经济管理和政策制定能力的高级人才普遍短缺，影响数字经济治理的质量和效率。

四、共建"一带一路"国家数字经济合作对策

(一) 共建共享数字基础设施

一是实现跨境网络互联互通。跨境网络互联互通是数字经济合作的基础。共建"一带一路"国家可共同规划和建设跨境光缆网络，以提高国际通信能力。协调各国5G网络建设，推动5G技术在共建"一带一路"国家广泛应用。此外，合作建设卫星通信系统也至关重要。例如，中国的"一带一路"空间信息走廊计划旨在为偏远地区提供可靠的网络覆盖，从而实现全面的数字互联互通。

二是建立数据中心和云服务平台。数据中心和云服务平台是数字经

济发展的重要基础设施。共建"一带一路"国家可在战略节点共同建设大型数据中心，为区域数字经济发展提供坚实支撑。积极推动云服务平台的跨境部署，提高数据处理和存储能力，促进数字资源的高效利用和共享。

三是完善智慧城市基础设施。共建"一带一路"国家可共同制定智慧城市建设标准，推动物联网、大数据等先进技术在城市管理中的广泛应用。建立智慧城市示范项目，如中国—东盟智慧城市合作网络。积极推广智能交通、智慧能源等创新解决方案，显著提高城市运营效率，改善市民生活质量，推动城市可持续发展。

（二）协同发展数字产业链

一是促进产业链分工协作。根据参与国自身优势，合理布局数字产业链，实现硬件制造、软件开发、数据服务等环节的国际分工。建立数字产业园区联盟，促进园区间的协作和资源共享，有效提升整体竞争力。鼓励跨国公司在共建"一带一路"国家设立研发中心和生产基地，带动当地产业升级，促进技术转移和创新扩散。

二是开展技术创新合作。技术创新合作是"一带一路"数字经济发展的核心动力。共建"一带一路"国家应共同建立联合研发中心，重点攻关人工智能、量子计算等前沿技术。设立与数字丝绸之路有关的科技创新基金，为跨国创新项目提供必要的资金支持，有效促进技术突破和产业化。定期组织数字技术创新大赛，吸引全球创新人才和优质项目，激发创新活力，推动技术交流。

三是推动数字产业标准化。共建"一带一路"国家应参与国际数字经济标准的制定，增强在全球数字经济治理中的话语权。推动建立区域性数字产品和服务认证体系，有效降低市场准入壁垒，促进跨境数字贸易。通过建立数字产业标准信息共享平台促进标准互认，加速技术融合和创新。

（三）推进数字贸易与跨境电商发展

一是开展数字自由贸易区建设。借鉴马来西亚数字自由贸易区这类成功案例，建立数字自由贸易试验区。在数据流动、知识产权保护和数字产品分类等关键领域制定全面的数字贸易规则。简化跨境数字服务的审批流程，推动数字服务贸易便利化，促进跨境数字经济活动，实现互利共赢。

二是加强跨境电商平台合作。鼓励大型跨境电商平台在共建"一带一路"国家拓展业务，为中小企业提供宝贵的国际化渠道，促进区域经济融合。通过整合生产、物流、支付等环节，建立跨境电商产业，提升跨境贸易效率。推动跨境电商信用体系建设，提高交易安全性，增强消费者信心，构建更加繁荣、安全的跨境电商生态系统。

三是推进数字支付互联互通。推动各国支付系统互联互通，如扩大支付宝、微信支付等与当地支付工具的合作，便利跨境交易。探索跨境数字货币合作，特别是央行数字货币在跨境支付中的应用。建立区域性支付清算中心，从而提高跨境支付效率，降低交易成本。

（四）提升数字治理能力

一是强化数字经济立法合作。建立数字丝绸之路法律合作机制，促进各国交流数字经济立法经验，共同应对挑战。重点研究数据安全、隐私保护、网络犯罪等关键领域的法律问题，构建安全可信的数字环境。推动制定区域性数字经济治理框架，如借鉴欧盟经验，为共建"一带一路"国家提供统一的法律指引，促进数字经济的协调发展和良性治理。

二是实现数字监管技术共享。建立数字监管技术交流平台，促进各国分享大数据、人工智能等先进技术在监管中的应用经验。合作开发监管科技解决方案，提高监管效率，应对复杂的数字经济挑战。构建更加智能、高效的数字监管体系。

三是加强网络安全合作。网络安全合作是保障"一带一路"数字经济健康发展的重要支柱。建立"一带一路"网络安全应急响应机制，促使共建"一带一路"国家协同应对日益复杂的网络安全威胁，提高整体防御能力。定期开展网络安全演习，检验共建"一带一路"国家的应急处置水平，促进经验交流和技术共享。

（五）培养数字技能与数字人才

一是开展数字技能培训。建立数字丝绸之路学院，通过线上线下结合的方式，为共建"一带一路"国家提供全面的数字技能培训，有效提升区域数字人才储备。与科技企业合作开展针对性培训项目，更好地满足产业需求。推广统一的数字技能认证体系，提高劳动力市场的匹配效率。

二是促进高端人才交流。设立数字丝绸之路奖学金，吸引优秀学生赴先进国家学习前沿数字技术，培养未来的数字领军人才。定期组织数字经济领域的高端论坛和研讨会，促进专家间的深度交流，激发创新思维，推动跨国合作。建立完善的数字人才信息库，有效促进人才跨境流动，优化区域人才资源配置。

三是打造创新创业生态系统。共建数字经济创新中心，为创业者提供全方位的孵化服务，有效降低创业门槛，提高成功率。设立数字丝绸之路创业基金，重点支持跨境创新项目，在解决资金瓶颈的同时促进国际合作。通过组织数字丝绸之路创新创业大赛等方式，发掘和培养创新人才，激发创业热情。

（六）实现包容性数字发展

一是发展普惠金融。大力推广移动支付和数字银行服务，借鉴成功经验，提高金融服务的可及性。重点发展针对中小微企业的数字金融服务，解决这些企业的融资难题，激发经济活力。建立跨境普惠金砖合作机制，共享成功模式，促进共建"一带一路"国家普惠金融事业的协同发展。

二是推广数字教育。建设"一带一路"在线教育平台，实现优质教育资源的广泛共享，打破地域限制。大力推广远程教育解决方案，提高偏远地区的教育水平，缩小教育差距。开发多语言数字教育内容，满足不同国家的特定需求，促进跨文化沟通与交流。

三是助力数字健康。通过合作开发远程医疗系统，提高医疗资源利用效率，让优质医疗服务惠及更多人群。建立区域性健康数据平台，促进疫情防控等领域的跨国合作，为公共卫生决策提供数据支持。大力推广移动健康应用，提高基层医疗服务能力，提升民众健康管理水平，为共建"一带一路"国家构建更加智能、高效的医疗卫生体系提供保障。

第四章
"一带一路"建设中
法律风险的识别与防范

2013 年 9—10 月，国家主席习近平在对中亚与东南亚进行国事访问之际，高瞻远瞩地提出了构建"丝绸之路经济带"与"21 世纪海上丝绸之路"的宏伟蓝图。同年 11 月，在中共十八届三中全会上，"一带一路"倡议被正式确立为中国国家发展战略。此举标志着中国以更加开放包容的姿态，致力于与世界各国携手共进，共创繁荣发展的新篇章。2013—2023 年，在十年时间里，"一带一路"倡议拉动了近万亿美元规模的投资，形成了 3000 多个合作项目，为共建国家和地区创造了 42 万个工作岗位，使将近 4000 万人摆脱贫穷。

"一带一路"倡议作为推动国际合作的标志性公共产品，既开启了我国全方位开放、深化周边外交、促进地区合作及引领全球发展的新篇章，也为我国经济社会发展带来错综复杂的风险与挑战。在"一带一路"倡议的深入实施过程中，不同国家政治体制、经济利益与文化传统的交汇碰撞，极易触发贸易壁垒、关税保护主义及运输安全等国际性问题。这些问题的核心症结，在于共建"一带一路"国家间立法体系的差异性与法律规则的多样性。这导致共建国家在争端解决上难以迅速达成共识，从而滋生潜在的法律风险。此类风险不仅可能损害投资者的合法权益，更可能对"一带一路"倡议的长远规划与持续发展构成威胁。因此，深刻认识、精准评估并有效应对"一带一路"建设中的法律风险，对于保障"一带一路"倡议顺利实施、维护各方利益及促进共同繁荣，具有不可估量的战略意义与深远影响。

第一节 "一带一路"建设中的法律风险

建设"一带一路"的初衷在于通过强化共建国家的经济合作与发展，携手共创互利共赢的新局面。"一带一路"倡议聚焦于基础设施的升级与扩建，力求促进贸易与投资的自由化及便利化，同时深化政策对话、设施互联、贸易畅通、资金融合及民心相通，以此搭建一个开放且包容的合作框架，共同塑造利益与命运的共同体。在此框架下，中国不仅为共建国家慷慨提供资金与技术支持，还通过进行文化交流、开展教育合作等多元化途径，加深了不同国家人民的相互理解，构建起不同国家人民友谊的桥梁。然而，共建国家宗教与民族的复杂性，以及部分地区恐怖主义的威胁，导致国家与地方层面在政策执行上存在障碍。

此外，"一带一路"倡议在强调经济发展的同时，也高度重视环境保护与可持续性原则，确保基础设施建设与绿色发展理念并行不悖。鉴于基础设施项目普遍具有周期长、资金投入庞大及运维成本高昂的特点，其实施进程不可避免地会遇到一系列法治层面的考验。尤为重要的是，共建"一带一路"国家在政治体制、法律体系、法律环境及文化传统上展现出巨大差异，法治建设水平参差不齐，这给"一带一路"建设带来了多方面的法律风险。

综合考量，"一带一路"建设中的法律风险可以归纳为以下几个方面。

一、直接投资面临的法律挑战

在推进"一带一路"倡议的过程中，直接投资可能面临投资范围与持股比例限制、政府干预导致的自主经营权削减，以及跨国并购审查与反垄断风险等多重挑战。

一是投资范围与持股比例限制。在共建"一带一路"国家，由于意识形态、国家利益和安全等因素，部分国家对外国投资者的投资范围和持股比例实施了诸多限制。[38]这些限制可能以法律法规或政策的形式出现，要求外国投资者在特定行业或领域的投资需经过政府审批或符合特定条件。一些国家强制要求合营企业必须有本国政府或其指定机构的参与，这进一步限制了外国投资者的自主经营权。二是政府干预导致的自主经营权削减。即使在没有明确法律约束的情况下，某些国家仍保留了对合营企业重大决策的否决权。这种否决权可能涉及企业的战略规划、市场拓展、财务管理等多个方面，导致合营企业在实际运营中难以保持足够的自主性。政府干预还可能表现为对企业日常经营活动的频繁检查和监管，这也无形中增加了企业的运营成本和时间负担。三是跨国并购审查与反垄断风险。为防范垄断和维护有效竞争，一些共建"一带一路"国家对外国投资者的跨国并购行为提出了严格的要求，或设置了复杂的审查程序。这些程序可能涉及多个政府部门和机构的审批，且审查标准不明确，导致并购过程充满不确定性。当目标国家对特定的跨国并购项目持怀疑态度时，甚至可能采取"临时立法"等极端手段进行限制，从而给投资者带来巨大的法律风险。

二、市场准入面临的法律挑战

在推进"一带一路"倡议的过程中，市场准入制度成了不可忽视的因素，其背后潜藏的法律风险尤为突出。众多共建国家出于保护本国经济利益的考虑，普遍设置了严苛的市场准入条件。这些措施既涉及传统的关税壁垒，也涉及更为隐蔽的非关税壁垒，如技术标准、环保要求等。一些失败的企业收购案例就深刻揭示了相关国家对外国投资的安全审查制度及贸易投资保护政策对跨国并购的潜在影响，进一步凸显了市场准入环节在"一带一路"建设中可能面临的法律风险。

三、知识产权保护面临的法律挑战

知识产权是推动国家经济与科技进步的关键竞争性资源，其保护力度与成效直接关联到企业或国家在全球市场中的战略布局与地位巩固。随着国际上知识产权保护标准日益提升，诸多国际投资协定中的知识产权保护条款已超越世界贸易组织框架下的《与贸易有关的知识产权协议》，这也迫使各国不断审视并优化自身知识产权法律体系。特别是在"一带一路"倡议的广阔舞台上，跨国投资与贸易活动频繁，知识产权保护成为不可忽视的环节。倘若参与方在对外经贸活动中忽视知识产权保护，未能构建起严密的风险防范机制，不仅可能导致宝贵的知识产权资源被非法侵占，还可能触发复杂的知识产权法律争端，给企业乃至国家的国际形象与利益带来重大损害。过往实践中，不乏企业因对国际知识产权规则理解不深、运用不当，在海外市场拓展中遭遇诸多法律挑战。

四、国际金融交易面临的法律挑战

中国企业和金融机构涉足国际金融交易的频率与规模显著增加，然而国际金融交易的复杂性及其所蕴含的法律风险远超一般商业活动。国际金融交易不仅跨越国界，还深受各国金融交易法规、监管政策及国际金融惯例的多重影响，因此相较于单纯的国际贸易或国际直接投资，其风险维度更为广泛且复杂。这些风险不仅体现在市场波动、汇率变动等经济层面，更内蕴于法律合规、合同执行及争议解决等法律层面。值得注意的是，国际金融交易风险具有高度的传染性和难以预测性，一旦爆发，可能迅速波及多个市场主体乃至整个金融体系，造成连锁反应。近年来，就有一些中国企业因对国际金融规则理解不足、风险管理机制不健全而在国际金融交易中遭受重大损失。例如，中国平安、中信泰富因未充分评估海外金融衍生品的风险，导致巨额亏损；中华英才网因签订含有复杂金融条款的对赌协议，最终陷入"对赌危机"。

五、劳工问题面临的法律挑战

随着全球范围内劳动者权益保护意识的不断提升，维护劳工权益日益成为国际经济合作、跨国投资及国际贸易法律体系不可或缺的一环。确保劳工权益不仅被视作国家的根本责任，而且构成了企业追求可持续发展和践行社会责任的核心要素。在推进"一带一路"倡议的过程中，劳工问题带来的法律风险尤为突出。一是若招聘过程中存在不公平现象，未能充分考虑东道国的民族文化等，可能违反平等就业及反歧视的相关法律法规，招致行政制裁及声誉损失。二是若忽视或轻视当地工会组织的作用与权利，未能与工人建立和谐的劳资关系，可能遭遇工人的罢工、抗议等，严重影响项目进展。三是在员工薪酬福利、工作条件等方面若未能遵循当地劳动法律要求，或将面临法律诉讼、经济处罚，极端情况下可能导致投资项目搁浅或并购交易失败。四是在实施人员结构调整或裁员计划时，若轻率对待当地在裁员程序、经济补偿等方面的规定，可能触犯法律，损害企业形象与利益。

六、生态环境保护面临的法律挑战

自第二次世界大战结束以来，国际环境污染问题日益严峻。随着国际环境法律体系的演进及生态文明观念的提升，发达国家的环保标准持续强化。就我国而言，过去"重经济轻环保"的理念导致生态问题加剧，尤其是作为丝绸之路起点的西部地区虽资源丰富但生态脆弱。西部地区的环境保护不仅关乎本地生态安全，也密切影响我国东部及南部地区的生态安全。在"一带一路"倡议的推进中，外国投资企业必须严格遵循东道国的环境规范，否则可能引发严重法律问题，导致开发权被收回、项目遭到抵制等。尽管国际社会已形成相对有效的环境污染合作治理机制，但共建"一带一路"国家对此重视不足且存在分歧。

七、经营管理面临的法律挑战

由于法律意识的不足与经营管理经验的局限，我国在共建"一带一路"国家设立的企业在日常运营中有时会偏离正轨，进而触发一系列法律风险。一是商业腐败风险。企业一旦涉及行贿、受贿等不法行为，不仅面临严苛的法律制裁，包括但不限于业务禁入与高额罚款，而且可能使自身多年积累的声誉瞬间崩塌。二是税收法律风险。跨国经营意味着企业需同时遵循母国与东道国的税收法规，任何税务筹划上的不当操作或误解都可能使企业陷入双重征税或逃税指控的漩涡，承受巨大的财务与法律压力。三是项目规划设计风险。若项目构思与实施方案未能充分考虑并符合东道国的法律法规，项目竣工后可能难以通过官方验收，最终导致巨额投资付诸东流。四是合同管理风险。从合同磋商到终止的全过程，每一环节都需严谨对待，任何微小的疏忽或纰漏都可能成为引发争议与纠纷的导火索，进而给企业招致经济损失及法律困扰。

第二节　"一带一路"建设中法律风险的根源

深入剖析"一带一路"建设中法律风险产生的根源，对于促进"一带一路"建设的稳健发展具有至关重要的作用。

一、法系多元、混杂

共建"一带一路"国家遍布六大洲，其法系主要包括大陆法系、英美法系和伊斯兰法系。

大陆法系按照不同地区可以进一步细分为欧盟法圈、苏联法传统和东盟法圈等。欧盟法圈国家主要包括希腊、匈牙利、捷克等。根据欧盟相关规则，欧盟成员国缔结的条约及欧盟机构制定的规范性文件对成员方具有普遍约束力，且优先于成员方国内法。其中相当一部分内容是与"一带一路"紧密相关的经贸投资规范。苏联法传统国家主要包括独联体国家、中亚5国、波罗的海3国及蒙古国。这些国家虽然进行了立法改革，但仍保留了部分苏联法律传统。东盟法圈国家主要有泰国、越南、柬埔寨、老挝、印尼、东帝汶。泰国、越南、柬埔寨、老挝为传统的佛教国家，许多地区仍保留了浓厚的佛教传统；印尼虽然没有国教，但其将近90%的人口信奉伊斯兰教，因此伊斯兰教在其社会生活中有着十分重要的影响。

英美法系涉及共建"一带一路"国家中的马来西亚、缅甸、孟加拉国、斯里兰卡、尼泊尔、新加坡、菲律宾等。这些国家均因历史上曾被英国殖民或染指而加入英美法系，不过伊斯兰教、佛教、印度教等在一些国家的社会生活中仍具有较大影响。菲律宾因先后沦为西班牙和美国的殖民地，其现有法律体系虽然受美国影响较大，但仍保留了一些西班牙法的影响。以色列属于英美法系，但犹太教、伊斯兰教法及大陆法系法对其也有较大影响。位于东南亚的新加坡、马来西亚、缅甸、菲律宾又同时属于东盟法圈。

位于"一带一路"沿线的伊斯兰法系国家，主要包括位于中东地区（西亚和北非）的沙特阿拉伯、也门、阿曼、卡塔尔、巴林、科威特、伊朗、伊拉克、阿联酋、约旦、黎巴嫩、巴勒斯坦、叙利亚、埃及，位于南亚的阿富汗、巴基斯坦、马尔代夫，位于东南亚的文莱，以及位于欧洲的波黑。其中，文莱作为东盟国家，又属于东盟法圈；波黑与欧盟已经签署《稳定与联系协议》，是欧盟候选成员国，又属于欧盟法圈。

可以看出，共建"一带一路"国家虽然大致可以划分为大陆法系、英美法系、伊斯兰法系，但实际上，无论是不同法系之间还是同一法系内部，都存在诸多交叉重合。许多国家的法律展现出混杂性。这种混杂性引发了不同法系国家法律在分类、专业术语、表达形式、审判流程与策略，以及应用原则上的显著区别，降低了法律的普适性和一致性。另外，由于法系间的差异带来法律信息的不对等，投资者可能会面临众多难以预见且难以评估的风险挑战。

二、法治环境差异大

众多共建"一带一路"国家在基础设施、贸易投资等领域的法律法规、税收规定大相径庭，且频繁修订，立法主体多元，这都使得投资者难以精准把握交易规则，贸易难度随之增大。同时，部分国家的行政执法与监管体系复杂或透明度低，会不公正地对待外国或外资企业。共建"一带一路"国家的法治态度与标准呈现出多样化的特点，在法治的认同、约定的遵守及契约精神的体现上存在明显差异。我国企业在"一带一路"国际合作中主要作为投资者，需应对众多民商事合同的签订，而这必然涉及复杂的法律关系。但是，多数企业及民间组织的法治意识尚待加强，在投资初期往往忽视法律问题，后期如发生法律纠纷，则易陷入被动。

三、贸易保护主义抬头

贸易保护主义作为一种经济政策，利弊并存。一方面，它能通过限制进口，有效降低外国商品对本国市场的竞争压力，保护国内产业；另一方面，它可能抑制本国工业的革新发展，影响国内资源的优化配置，甚至导致国家错失融入全球产业链和捕获比较优势的良机。在"一带一路"建设中，应消除投资和贸易壁垒，推动贸易畅通、投资贸易便利化与自由化，营造优越的营商环境，以充分释放合作潜能。然而，贸易保护主义在某些地区有所回潮，对全球贸易自由化的推进构成了严峻挑战。尤为突出的是，共建"一带一路"国家由于经济发展水平与民主法治基础相对薄弱，更倾向于采取贸易保护主义措施，包括关税壁垒、绿色壁垒、技术壁垒、认证制度、安全审查、反倾销、知识产权保护等。这种贸易保护主义很可能诱发投资贸易领域的法律争议与风险。

四、指导区域经济合作的系统性法律缺位

法律缺位的表现在于，对于特定的事项，或者在国际法层面，或者在国内法层面，没有相应的法律规范进行调整。这种法律缺位可能是单边的，也可能是双边的或者多边的，还可能是虽然存在既有的国际法律工具，但共建"一带一路"国家并不认可。这导致在对特定法律问题的解决上，在"一带一路"的语境和框架下，没有统一的解决方案。以投资法律为例，国内法缺少相应完善的法律规则，国际法则在知识产权法律保护上呈现出参差不齐的特点。这无疑会给我国相关贸易和领域的拓展带来阻碍。同时，在推动自由贸易、深化双边及多边经济合作与

交流的过程中，双边及多边协议的缺失成为普遍现象。特别是在亚洲地区，贸易多以双边及次区域合作为主，尚未能像欧盟或北美自贸区那样，形成一个统一且规模庞大的市场体系。

五、复合型专业人才缺失

"一带一路"倡议引领中国步入全球经济的广阔舞台，既给中国带来了前所未有的发展机遇，也给中国带来了激烈的国际竞争。在这场全球性的合作与较量中，复合型专业人才的短缺成为制约"一带一路"建设深入发展的关键因素。共建国家间的经贸合作不仅跨越了多样的市场环境，还深嵌于复杂的社会习俗、安全挑战、外交关系、宗教信仰及商务规则之中。因此，参与者必须具备全面的知识结构和高度的综合能力。然而，现状是，熟悉国内法或国际法的人才往往在外交策略、商务实践上有所欠缺，精通外交策略与擅长商务实践的人才又可能在法律领域知识不足。因此，如何有效培育一批既懂法律又懂外交策略、商务实践的综合型人才，成为当前亟待破解的难题。

第三节 "一带一路"建设中法律风险的防范

我国作为"一带一路"的发起者和倡导者，要防范和应对在"一带一路"建设中可能遇到的法律风险，可以采取以下策略。

一、完善法律体系 加大投资保障力度

为了构建一个稳定、透明且可预期的国际投资环境，我国必须加快完善对外投资法律法规体系。借鉴美、日等发达国家在对外投资立法上的先进经验，制定一部全面、系统的对外投资法显得尤为重要。该法应明确对外投资的基本原则、管理框架、保护措施及争端解决机制，为海外投资者提供坚实的法律保障。同时，还需辅以一系列配套法规，如境外融资管理办法、投资保险条例、税收优惠政策及环境保护规定等，确保对外投资活动的合法性与合规性。这些法律法规的制定不仅有助于规范企业的对外投资行为，还能提高海外投资的成功率与回报率。此外，加强法律法规的宣传与解读，提高企业和投资者的法律意识，也是确保

法律法规有效实施的关键。法律法规体系的完善可以为"一带一路"建设提供强有力的法律支撑，保障海外投资活动的安全、有序进行，减少投资中的各类法律风险。

二、协同法治建设 签订投资保护协定

随着"一带一路"倡议的不断推进，共建"一带一路"国家之间的经济贸易联系愈发紧密。有必要加速双边及多边投资保护协定的谈判与缔结，以促进共建"一带一路"国家间法律体系的深度整合与协同作业。高层级的对话机制、法律领域的互访交流等可以加深彼此间的理解和信任，为投资保护协定的顺利签订打下牢固的基础。在签订这些协定时，应清晰界定投资者保护的具体范围、执行标准及相应程序。同时，这些协定的实施有助于打破投资与贸易壁垒，营造优良的法律氛围，并助力共建国家法治环境的全面提升。当前，中国已与俄罗斯、塔吉克斯坦、哈萨克斯坦、卡塔尔及科威特等多个国家达成了与"一带一路"紧密相关的合作协议，并且与柬埔寨、新加坡、巴基斯坦等国家签署了多项自由贸易协定。[39]未来，我们应充分利用这些已签署的合作协议与自由贸易协定，推动共建国家在法律、政策层面的协同与配合，为"一带一路"的建设提供坚实的法制支撑。此外，加强与国际组织的合作，携手推进全球投资规则的制定与优化，也是"一带一路"发展过程中应当着重关注的战略方向。

三、强化服务机构 提升信息支持水平

为了更好地服务"一带一路"建设，需要成立一个专属的"一带一路"投资与贸易促进机构。该机构需整合来自政府、企业及中介机构的多元资源，提供从规划咨询、专业指导到后续监督的全方位和一站式服务。通过构建完善的信息管理体系及大型数据库，该机构可以系统性地搜集、整理并分析共建国家的政治动态、经济状况及法律法规信息，为"一带一路"倡议的深入推进提供坚实的数据与信息后盾。此外，该机构还应积极加强与共建国家政府机构、企业实体及商会组织的沟通与协作，促进信息的共享与资源的优化配置。在内部管理层面，该机构应注重强化管理机制、完善制度建设，并重视服务人员的培育与引进，

确保组织运作的高效性与规范性，从而为海外投资者提供更加全面、精确的信息服务，有力推动"一带一路"建设平稳前行。

四、深化风险评估　健全预警培训机制

在"一带一路"建设过程中，风险评估和预警培训机制的建设至关重要。应组织协调相关部门和人员，组建专业化的法律专家团队，对共建国家政治、经济、法律等方面的风险进行深入研究和评估。可以通过实地考察、专家访谈等方式，全面洞察共建国家的政治体制、法律框架、法治氛围及市场动态等核心信息，为投资决策提供坚实的数据支持与科学依据。同时，应加强风险评估预警机制建设，及时发布风险预警信息，提醒企业和投资者注意防范法律风险。还应大力开展具有针对性的海外投资风险管理培训项目，提升企业与投资者的法律风险认知水平与防范技能，从而保障海外投资项目的顺利推进与预期回报的实现。

五、培养法治人才　注重综合专业素质

为了有效支撑"一带一路"倡议的发展，需要注重培养既具备综合型素质又具备专业型素质的法治人才。针对共建"一带一路"国家现有的法律人才队伍，应采取专题培训与国际合作交流等多元化策略，强化对"一带一路"政策、金融外贸、航运知识，以及共建国家政治、法律、文化的深入学习，在短期内打造一支精通相关国际条约、国际惯例，熟练掌握国际经贸航运知识，具备丰富实践经验的复合型、专家级法律人才队伍。同时，基于当前共建国家的实际情况，国家层面应制定并推出"一带一路"人才建设的专项发展规划，包含人才培养、需求对接、人才交流等多个方面，深化涉外法学教育的课程改革，着重加强实践能力培养，为"一带一路"倡议的持续推进提供坚实的人才支撑与保障。

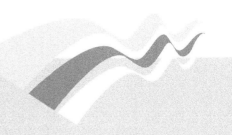

第五章
"一带一路"科技创新
合作特色案例研究

第一节 "一带一路"园区发展现状及科技创新能力提升路径研究:以柬埔寨西哈努克港经济特区为例

一、境外经贸合作区概述

截至 2023 年,我国已和 150 多个国家、30 多个国际组织签署了超过 200 份共建"一带一路"的合作文件,并且在对外投资及对主要贸易伙伴的进出口方面均实现增长。2023 年,我国企业对共建"一带一路"国家的非金融类直接投资达 2240.9 亿元,比 2022 年增长 28.4%;我国与共建"一带一路"国家进出口达到 19.47 万亿元规模,占进出口总额的 46.6%。

境外经贸合作区是以中资控股企业为主体,以商业运作为基础,以促进互利共赢为目的,在境外投资建设的产业园区。亚洲成为中国企业"走出去"的首选之地,分布的合作区最多,占总量的四成。这主要是因为亚洲国家作为中国的近邻,在资源、市场、文化等方面与中国有着天然的互补性。欧洲分布的合作区占三成。这主要是因为欧洲拥有先进的科技、完善的法律体系和良好的市场机制。非洲分布的合作区占二成以上。这主要是因为非洲自然资源丰富、市场潜力巨大和投资环境日益改善。

二、境外经贸合作区发展历程

境外经贸合作区的发展历程可以概括为以下几个阶段。

民营企业自发探索阶段(20 世纪 90 年代末—2004 年):在这一阶段,一些有实力的民营企业开始尝试"走出去",在海外建立工业园区或经贸合作区,以推动国际贸易和产能合作。

政府推动成熟发展阶段(2005—2012 年):随着对境外经贸合作认识的加深和实践经验的积累,政府通过制定相关政策和规划、提供资金支持和税收优惠等措施,推动境外经贸合作区的快速发展。

"一带一路"倡议快速发展阶段(2013—2019 年):随着"一带一路"倡议的提出和实施,境外经贸合作区进入了一个新的发展阶段。在这一阶段，政府加大了对境外经贸合作区的支持力度，推动了多个重大项目的落地和实施。

提质增效发展阶段（2020年至今）：在经历了一段时间的快速发展后，境外经贸合作区开始进入提质增效发展阶段。在这一阶段，政府加强对接和联动，形成更加完善的政策支持体系和服务体系，旨在为境外经贸合作区的高质量发展提供有力保障。

三、西哈努克港经济特区发展现状

（一）西哈努克港经济特区概况

2008年，红豆集团联合中柬企业在西哈努克省波雷诺县共同打造柬埔寨西哈努克港经济特区（以下简称西港特区），目的是吸引外资，创造就业机会，推动区域经济繁荣发展。

西港特区紧邻柬埔寨国道，距离西哈努克国际机场3千米，距离深水港12千米，且靠近首都金边。这为西港特区的物流运输和国际贸易提供了极大的便利。西港特区初期以纺织服装、箱包皮具、木制品等劳动密集型产业为主，近年来逐步向高附加值、高创新的技术密集型产业转型升级。

（二）西哈努克港经济特区发展成效

"一带一路"倡议和柬埔寨的"四角战略"高度契合，为西哈努克省的经济示范区建设和柬埔寨的"工业发展走廊"提供了强劲的动力。

一是经济发展的"火车头"。西港特区凭借其优越的投资环境和政策优惠，吸引了大量外资企业入驻，进出口总额持续增长。2024年，全区企业实现进出口总额40.78亿美元，同比增长21.3%，约占柬埔寨进出口贸易总额的7.45%，被誉为西哈努克省经济发展的"火车头"。

二是人民的"金饭碗"。西港特区吸引了大量的国内外投资，已有来自中国、东南亚、欧美等国家和地区的上百家企业（机构）入驻，为当地创造近3万个就业岗位。这些企业通过产业链延伸和辐射效应，带动了周边地区的经济发展，以不到柬埔寨万分之一的土地面积，集聚了柬埔寨约1.8‰的人口，被誉为当地人民的"金饭碗"。

三是友谊的"桥梁"。西港特区注重民生改善和社会福祉，提供良好的工作环境和生活条件，不仅提高了员工的生活质量和工作效率，而且促进了当地社会的和谐稳定。西港特区积极履行社会责任，参与当地的公益慈善事业和人道主义援助活动，为当地人民提供了很多帮助和支持。西港特区注重文化交流与合作，通过举办各种文化交流活动，增进了中柬两国人民之间的了解和友谊。

（三）西哈努克港经济特区发展经验

西港特区建设深度融入西哈努克省乃至柬埔寨经济社会发展，成为中柬共建"一带一路"的生动实践。

一是受到政府的关心和支持。西港特区受到了中柬两国政府和地方政府部门的关心和支持。例如，柬埔寨政府给予的税收减免和税收优惠政策不仅降低了企业的运营成本，还有助于吸引更多的投资者，推动西港特区的繁荣发展。同时，中柬两国政府间的协调委员会机制也为西港特区的顺利发展提供了有力的制度保障。

二是坚持绿色健康可持续发展理念。西港特区在开发建设过程中，始终坚持绿色发展理念，11 万平方米草皮的绿化和近 10 万棵树木的种植不仅美化了园区环境，还为员工和居民提供了更加适宜的工作和生活空间。雨污分流排放系统和标准污水处理厂确保了园区内各类废水的有效处理，防止了污染的发生，保障了生态环境的绿色健康可持续。同时，在江苏省司法厅、无锡市人民政府的支持下，西港特区设立了江苏驻柬埔寨"一带一路"法律服务中心。这有助于增强企业的法律意识和规则意识，促进园区的健康有序发展。

三是产教融合，吸引高端人才。西港特区坚持人才培养与特区发展相结合的产教融合发展模式，联合无锡商业职业技术学院等高校建立南洋红豆学院、创建西港培训中心，积极推进西哈努克省中柬友谊理工学院和西哈努克港工商学院两所大学的建立和运转，为特区的发展提供了坚实的人才支撑。西港特区与学校紧密合作，持续举办培训班，已累计培训本土高素质技术技能人才 8 万余人次。相关学校还针对中资企业海外发展的实际需求，推出了来华留学生订单培养项目，为中资企业输送了大量熟悉中国文化、具备专业技能的国际化人才。

四是履行社会责任，促进民心相通。西港特区在承担社会责任和促进人文交流方面作出了重要贡献，包括向柬埔寨红十字会捐款、捐资助学、开展公益慈善活动等，促进了中柬两国之间的友谊与合作。同时，西港特区通过一系列小而美的项目，如医疗巡诊、援建学校等，有力促进了中柬两国人民之间的民心相通。

四、西哈努克港经济特区发展存在的问题

通过对中国国际工程咨询有限公司提供的相关数据进行分析，可知西港特区合作类型为加工制造型，在发展过程中面临如下问题。

（一）配套不完善，盈利模式单一

柬埔寨作为发展中国家，水电供应、交通运输等基础设施可能无法满足西港特区的发展需求。随着大量人员入驻，居住、教育、医疗等生活配套设施可能跟不上。这会影响入驻人员的生活质量，进而影响西港特区的吸引力和竞争力。西港特区盈利模式单一，主要依赖土地租赁和物业管理，容易受到市场波动和政策调整的影响。随着西港特区逐步完善配套设施和升级定制化服务，经营成本的增加又会使其盈利能力受到挑战。

（二）产业类型单一，未形成集群效应

西港特区以轻纺服装、机械电子等传统产业为主，产业结构层次不高，缺乏多元化和高端化的产业支撑。主导产业类型单一导致西港特区的经济韧性不足，容易受到外部市场波动的影响。企业之间上下游关系不明显，联系不多，缺乏紧密的产业链协作和配套服务，同时园区管理机构在推动企业和其他机构之间的交流沟通合作方面力度不够，导致西港特区内难以形成有效的产业集群效应。

（三）专业型人才缺口大

柬埔寨经济长期以农业为主，工业和服务业发展相对滞后，虽然人口年龄结构趋于年轻化，劳动力资源丰富，但人口受教育程度相对较低，难以满足现代企业的用工需求。尽管西哈努克省中柬友谊理工学院和西哈努克港工商学院等教育机构为西港特区发展提供了人才支持，但西港特区整体教育水平仍有待提高，特别是复合型人才不足。同时，西港特区位于相对不发达地区，缺乏必要的配套政策，难以吸引和留住优秀人才。

（四）投资环境不稳定

尽管柬埔寨政府出台了一系列促进西港特区发展的政策措施，但在实际执行过程中存在力度不够等问题。这导致一些政策的效果未能充分显现，影响了西港特区的整体发展。受国内外形势变化和西港特区自身发展需要影响，柬埔寨政府不断调整相关政策。由于政策调整频繁、法律法规不健全，西港特区投资环境存在一定的不确定性。这导致一些投资者对西港特区的前景持观望态度，影响了西港特区的招商引资工作。同时，随着经济快速发展，贫富差距逐渐拉大，西港特区的社会治安问题日益突出。这也会在一定程度上影响西港特区的招商引资工作。

（五）企业融资难，风险防范意识不足

境外经贸合作区内缺乏完善的融资体系，海外资产抵押融资、发放债券等渠道受限。国内金融机构对境外园区企业的业务模式、财务状况及市场环境了解不够深入，导致投资信心不足，难以提供有效的融资支持。同时，境外投资企业成立之初缺乏信用记录，当地银行不了解其境内母公司的信用情况，导致融资难度大。多数入园企业对投资国的政治形势变化缺乏敏锐洞察力，难以预判和规避政治风险；对投资国的经济环境、市场变化等了解不足，难以有效应对经济风险；对投资国的法律法规了解不够深入，容易触碰法律底线，引起法律纠纷。

五、西哈努克港经济特区发展建议

借力"一带一路"倡议，中国境外经贸合作区建设步伐加快，并取得阶段性成果。借鉴西港特区发展经验，可以对境外经贸合作区未来发展提出以下建议。

（一）强化国际招商，完善产业链

一是加强特区内产业链的上下游协作和配套服务建设，通过政策扶持和招商引资等手段吸引相关产业链上下游企业，形成完整的产业链体系。二是建立有效的交流平台和机制，促进企业和其他机构之间的信息交流与合作。例如，定期举办产业论坛、技术交流会等活动，为企业提供展示自身实力、寻求合作机会的平台。三是不断提升服务质量和管理水平，为企业提供更加便捷、高效的服务。例如，建立一站式服务中心或在线服务平台，为企业提供全方位服务；加强园区内的公共设施建设和环境整治工作,提升园区的整体形象和吸引力。

(二)加快产城融合,实施多元化经营

一是加强基础设施建设,包括提升电力供应能力、改善交通网络、建设完善的通信设施等。可以吸引更多外资参与特区的基础设施建设,形成多元化投资格局。二是加快生活配套设施建设,如建设员工宿舍、学校、医院等,提高特区的综合承载能力。可以引入更多社会服务机构,为入驻人员提供全方位的生活服务。三是除了传统的土地租赁和物业管理服务,考虑开展金融服务、物流服务、商业服务和旅游服务等业务,以拓展盈利空间。

(三)推动产教融合,培养跨国专业人才

一是提升基础教育质量,加大基础教育投入力度,提高教师的专业素质和教学质量,确保学生获得扎实的基础知识。二是发展职业教育,针对企业用工需求,发展职业教育和开展技能培训,培养具有专业技能的劳动力。三是开设专业课程,在高等教育机构中开设跨国管理、东道国语言法律等专业课程,培养复合型人才。四是与国际组织、外国政府和企业开展合作项目,共同培养专业人才和提升教育水平,加强文化交流与合作,增进相互了解和信任,为人才流动和合作创造良好环境。

(四)发展数字经济,拓展融资渠道

一是鼓励数字经济企业与国内外科研机构、高校合作,在境外经贸合作区内设立联合研发中心,聚焦人工智能、大数据、云计算等前沿技术,为传统产业转型升级提供定制化解决方案。二是利用物联网、区块链等技术,提升农业生产智能化水平,实现精准种植、精准养殖和农产品溯源,增加农产品附加值。三是深化与中国电商平台及物流企业的合作,构建覆盖全境的电商与物流网络,降低农产品流通成本,拓宽销售渠道。四是鼓励中资银行、保险、证券等金融机构在共建"一带一路"国家增设分支机构,提供全方位金融服务,满足当地企业和居民多元化需求。例如,针对涉农、扶贫、小微等领域,开发定制化金融产品和服务,如小额信贷、农业保险、供应链金融等,降低融资门槛和成本。

第二节 海外研发中心建设研究

随着产业竞争的日趋激烈,越来越多的中国企业开始建设海外研发中心,以拓展国际市场、获取全球资源、提升技术创新能力。中国企业的国际化研发活动进入快速发展时期,海外研发机构与研发人员数量快速增长,海外研发投入额及其占总研发投入的比例不断增高,海外申请专利数量也呈现逐年增长的趋势。

中国企业纷纷"走出去",主要有以下几方面原因。一是全球市场竞争的加剧。随着中国产业快速发展,国内市场竞争日益激烈,企业需要通过海外研发中心来获取新的增长点。二是技术创新的需求。为了提升产品竞争力,企业需要不断进行技术创新,而海外研发中心可以帮助企业接触到全球最新的技术和最优秀的人才。三是国际化战略布局的需要。企业通过建立海外研发中心,可以更好地融入全球产业链,实现国际化战略布局。

一、海外研发中心建设的作用

随着"走出去"战略的实施,我国已由资本净输入国变为资本净输出国,越来越多的中国企业开始在全球范围内建立海外研发中心。这些海外研发中心不仅成为企业拓展国际市场的重要平台,也成了企业融入全球创新网络的关键节点。海外研发中心建设的作用主要体现在以下方面。

一是窗口功能。海外研发中心方便企业接触世界最新技术、最新理念、最新商业模式,了解哪些新技术、新理念、新商业模式有助于企业现在和未来的发展,并及时把这些技术、理念、商业模式输送到国内。

二是研发功能。通过海外研发中心,企业能更好地了解当地市场需求,开发适应当地市场的产品,拓展国际市场。这就意味着企业可以有选择性地关注与企业有关键契合点的关键技术,有选择性地建立团队,有选择性地发展知识产权。

三是投资功能。投资入股是常见的合作模式。企业海外研发中心可以在所在国物色处于创业初期、具有发展前景和一定风险承受能力的公司，为其提供种子阶段的投资。

四是孵化功能。企业可以邀请合作伙伴或与企业在战略上有契合点的初创公司在海外驻地办公，为它们提供场地、资源、设备等。

二、海外研发中心的种类及特点

海外研发中心根据其功能和定位，可以分为技术引进型、市场拓展型、人才培养型和品牌建设型。技术引进型，主要功能是引进国际前沿技术，进行消化吸收和再创新，即以企业全球化研发战略为导向，联合全球研发机构开展研发活动。市场拓展型，主要功能是开发适应当地市场的产品，拓展国际市场，依据当地市场需求设计新产品与技术。人才培养型，主要功能是吸引和培养国际人才，提升企业的国际化水平。品牌建设型，主要功能是提升企业在国际市场的知名度和影响力，有助于品牌建设。

三、中国企业建设海外研发中心的特点

一是区域分布较为广泛。例如，中国企业海外研发中心遍布全球，尤其是在北美、欧洲、亚洲等汽车产业发达地区。近年来，由于地缘政治的影响，中国企业更是在东南欧、东南亚、南美洲等地区加大了布局。

二是合作模式呈现多样化，包括与海外高校、科研机构合作，建立合资研发中心，以及独立运营的研发机构。也有企业选择在海外成立孵化器，设立产业基金，以便与当地企业开展更高效的技术合作。

三是研发方向上聚焦新质生产力，主要集中在新能源汽车、智能网联汽车、自动驾驶等前沿技术领域。

四是注重人才引进与培养。海外研发中心已经成为我国引进和培养国际人才的重要平台，有助于提升企业的国际化水平和世界影响力。

四、"一带一路"倡议下建立海外研发中心的新机遇

各地科技部门制定出台推进"一带一路"建设科技创新合作专项规划，支持有条件的科技型企业在共建"一带一路"国家通过自建、并购、合资、参股、租赁等方式设立海外研发中心、实验室或分支机

构，吸纳利用当地科技创新资源，开展关键核心技术研发和产业化应用研究；开发具有自主知识产权的适应当地需求的新技术、新产品，设立营销和服务网络，带动技术、产品和标准"走出去"。支持有条件的大企业与共建国家跨国公司结成战略联盟，开展高端技术研发合作，跟踪国际前沿技术，提高科技创新效率。支持一批拥有自主优势技术和产品的科技型企业面向共建国家输出优势产能，提高品牌的全球影响力，带动共建国家产业结构升级。例如，《天津市推进"一带一路"建设科技创新合作专项规划》支持企业面向共建国家输出推广优质技术产业项目；支持企业并购共建国家拥有技术、人才等核心资源的企业；支持企业在共建国家建设联合研究中心、技术推广中心、技术转移中心和国际科技园区等国际科技创新合作平台。

五、加强企业海外研发中心建设的建议

一是明确战略定位。根据企业发展战略和市场需求，明确海外研发中心的战略定位，确定研发方向和重点领域。协调处理国内设计中心与海外研发中心协同分工模式，兼顾国内、海外研发中心发展目标的实现。

二是关注当地市场需求。深入了解当地市场需求和消费者习惯，将研发成果与当地市场需求相结合，提高产品的市场竞争力。建立健全的知识产权保护体系，确保研发成果的合法权益不受侵犯。将研发成果转化为实际生产力，推动技术转移和产业化，实现经济效益和社会效益的双赢。

三是加强国际合作。积极与当地高校、科研机构和企业建立合作关系，共同开展研发活动，共享资源和成果。招聘具有国际视野和丰富经验的研发人才，提升研发团队的国际化水平。

四是重视管理与风险管控。海外管理是一个非常大的挑战，也蕴含着比较多的风险，特别是地缘政治和经济波动的影响往往难以规避。因此，除了双模运作方式，重要的一点是属地化，即让属地人管理属地人员，同时建立灵活的风险应对机制来辅助海外管理。

五是注重可持续发展。注重环境保护和可持续发展，推动绿色、低碳、可持续的科技创新。建立健全风险管理体系，积极制定应对措施，

确保研发活动顺利进行。参与国际标准的制定和修订，提升企业在国际市场的影响力。建立信息交流和共享机制，及时了解国际科技发展趋势和市场需求，为研发决策提供依据。

第三节　企业跨境并购研究

"一带一路"倡议是新时期中国企业"走出去"战略的重要支点和核心布局方向。近年来，出海成为部分行业的必选项。其中，跨境并购作为境外直接投资的主要方式之一，与绿地投资、对外工程承包等模式相比，有利于并购方快速获得厂房、设备、知识产权、雇员等生产要素，快速进入当地市场。在政府政策支持、企业主体自发驱动的双重引导下，中国企业"走出去"的步伐不断加快。

一、跨境并购的基本情况

一是跨境并购量质齐升。根据安永发布的《2023年中国海外投资概览》，2021—2023年，中国非金融类对外直接投资连续两年上升。2023年海外并购金额较2022年上升约20.24%，并购交易总数维持在500起左右。其中，超5亿美元交易金额的海外并购达到21起，数量较2022年增长13起。

二是并购目的地日益多元。2023年，中国企业并购目的地前3位为亚洲、欧洲、北美洲，金额分别为117亿美元、104.7亿美元和99.2亿美元。随着国际形势的动荡，特别是中美贸易、科技摩擦不断，中国企业向共建"一带一路"国家的出海增速加快。中国企业的国际化程度不断上升，在全球经济中的作用不断增强。

三是并购热点变化凸显消费升级。2023年并购规模居前5位的行业为材料、资本货物、房地产、多元金融、技术硬件与设备。共建"一带一路"国家的并购以基础设施及能源行业为主，区域上集中于东南亚地区和西亚地区。随着我国产业升级的推进，以及对经济新动能需求的上升，以高端制造、信息技术、大健康等为代表的新兴行业成为企业跨境并购的重点。此类并购通常看重海外公司的整体资产，主要目的是吸收生产工艺、技术、专利等。

四是产业整合在并购市场中占据重要位置。特别是同行业间的横向并购，已成为企业实现规模扩张和市场竞争力提升的重要手段。通过横向并购，企业能够整合资源，优化成本结构，提高市场集中度。此外，横向并购有助于企业快速进入新市场，获取新技术和人才，从而在激烈的市场竞争中占据有利地位。如今，国有企业越来越多地参与到国际市场竞争中。商务部、国家统计局和国家外汇管理局联合发布的《2022年度中国对外直接投资统计公报》显示，在基础设施和能源、资源等行业，国有企业出海跨境并购呈现蓬勃发展态势。

二、跨境并购面临的机遇

近些年，中国企业不断深化"走出去"战略，积极布局海外市场。2023年，中国企业海外并购总额约400亿美元，主要集中于TMT、先进制造、运输医疗、生命科学、房地产、酒店与建造、采矿与金属、电力与公用事业、石油与天然气等领域。

中国企业跨境并购面临以下机遇。

一是内循环和外循环相结合的新经济形态正在形成。发达国家为了增强自身的产业安全和自主可控能力，开始促使高端制造业回流本国，或者将高端制造业从远岸转移到近岸和友岸国家，同时将低增值产业外包至成本更低的国家和地区。中国企业不再单纯是全球制造业中孤立的一环，而是开始向亚洲、中东、南美及其他地区扩展，形成了一种内循环和外循环相结合的新经济形态。本土中国企业与海外中国企业并行发展，形成了互补的产业链和市场布局。这不仅有助于中国企业拓展国际市场，增强全球竞争力，也为中国经济发展注入了新的活力。中国企业需要顺应这一趋势，加快转型升级，提升自主创新能力，积极参与全球经济合作与竞争。

二是高科技产业并购风起云涌，开启新时代。党的二十大报告提出建设现代化产业体系，推动战略性新兴产业融合集群发展，构建新一代信息技术、人工智能、生物技术、新能源、新材料、高端装备、绿色环保等一批新的增长引擎。国际评级机构路孚特的数据显示，2024年上半年全球完成并购交易金额居前3位的产业分别是高科技、能源、金融，其中高科技产业并购金额同比增长44%。在互联网产业方面，腾讯、阿里巴巴、百度、字节跳动等中国企业在海外并购方面较为活跃。在生物医药产业方面，随着国内生物医药行业的竞争加剧及国际市场需求的不断扩大，中国企业开始把目光更多投向海外市场，通过技术创新与国际合作（如中资出海投资和对外许可交易），积极谋求全球化的技术、资源、产业链支持和市场布局。美柏必缔发布的《2023 中国医药授权许可 BD 交易年度报告》显示，2023 年跨境 License-out 首付款为 46.3 亿美元，高于过去两年总和。在绿色产业方面，在"一带一路"绿色发展框架的引领下，中国帮助共建国家建设了一批清洁能源重点工程。

三是跨境贸易和投融资便利化等便利政策相继出台。为推动中国企业"走出去"，我国境外投资监管标准愈加明确且相对放宽，境外直接投资项下的资金汇出审批权下放银行、取消再投资外汇备案等投资便利化措施相继出台，外汇资金流动便利性显著提升。《关于加强商务和金融协同 更大力度支持跨境贸易和投资高质量发展的意见》《国家外汇管理局关于进一步深化改革 促进跨境贸易投资便利化的通知》等文件指导相关部门及金融机构加强协作联动，形成支持跨境贸易和投资高质量发展的更大合力，为跨境资金流动带来极大便利。

三、跨境并购面临的挑战

（一）地缘政治风险和境外监管审批风险

国际环境的不确定性依然存在，地方保护主义和地缘政治风险因素增多，其对全球企业投资的抑制作用仍将持续。一是在高科技领域的并购中，目标公司关键技术的转移可能受到目标国家政治环境的影响，如政策变动、政治动荡等。某些国家可能出于各种考虑，限制并购方企业直接或者间接获取这些技术。二是企业需要确保并购活动符合相关法律法规。如果相关行业有某种特殊性，就很可能引发监管机构审查，触及复杂的国际法律法规，包括反垄断法、知识产权法等。企业需要确保知识产权转移的合法性和有效性。三是企业可能遭遇"长臂管辖"，并购活动可能受到国际关系的影响，如贸易战、关税壁垒、外交冲突等。

（二）跨境并购的法律风险

企业跨境并购的法律风险多种多样，需要并购方在并购过程中进行全面、细致的调查和分析，制定合理的并购策略，以保障并购活动顺利进行。除一般并购法律问题外，跨境并购还应特别注意以下风险。

一是关注企业在当地实施的员工政策。企业需要遵守目标国家的劳动法规定，包括员工权益、劳动合同、社会保险等，以避免劳动纠纷。例如，有的国家规定，企业并购需要告知被并购方工会，甚至需要取得工会的无异议函。

二是确保企业在当地实施的经营行为不侵犯知识产权。知识产权保护是并购中的关键问题。知识产权具有地域性，企业需要确保目标公司的知识产权得到有效保护，并避免侵犯他人的知识产权。企业应聘请当地知识产权服务机构及专业顾问进行尽职调查，充分了解目标公司的知识产权状况、目标国家的知识产权法律制度及目标国家的知识产权诉讼环境。

三是关注跨境数据流动安全。在跨境并购交易中，跨境数据流动安全是一个至关重要的因素。在数字化转型日益加速的背景下，数据已成为企业的重要资产。跨境数据流动安全直接关系到企业的商业秘密、客户隐私等。以《中华人民共和国网络安全法》《中华人民共和国数据安全法》《中华人民共和国个人信息保护法》为依托，我国已基本建成以数据出境安全评估、个人信息保护认证、个人信息出境标准合同为核心的跨境数据监管体系。同时，还需注意特定领域的相关规定，如《人类遗传资源管理条例实施细则》《自然资源领域数据安全管理办法》《对外提供涉密测绘成果管理办法》《测绘地理信息管理工作国家秘密范围的规定》等。这些文件对特定领域的信息对外提供做了专门规定。此外，随着欧盟成员国和美国等国家陆续建立起数据隐私安全合规体系，中国出海并购企业在面向国外市场时必须更加重视数据安全及合规问题。

四是关注目标公司的业务是否存在环境、社会和治理（ESG）问题。在海外并购过程中，一定要评估目标公司是否存在环境、社会和治理问题。企业需要了解并遵守当地的环境法律法规，评估目标公司是否遵守环境保护法规，审查目标公司在资源使用方面的效率，评估目标公司在应对气候变化方面的措施，如碳排放管理、可再生能源使用等。在社会问题方面，企业需要审查目标公司是否遵守劳动法规，评估目标公司与当地社区的关系，审查目标公司供应链中的劳工权益、人权和环境保护情况。在治理问题方面，企业需要评估目标公司是否拥有健全的公司治理结构，审查目标公司是否遵守相关法律法规，评估目标公司是否建立了有效的风险管理体系。

四、服务企业跨境并购的举措

共建"一带一路"国家是跨境并购热门目的地。中国将继续加大对外开放力度，鼓励和支持更多企业参与共建"一带一路"国家的发展。深化"一带一路"经贸合作和企业跨境并购，需要采取一系列综合性举措。

（一）加强风险评估与管控

建立健全的政策沟通机制，促进共建"一带一路"国家之间的政策协调，减少贸易壁垒和投资障碍。建立健全的风险管理体系，识别和评估跨境并购和经贸合作中的风险，制定应对策略。若交易涉及关键技术、关键基础设施、敏感信息，应充分评估相关审批程序。

（二）坚定不移推进贸易和投资自由化便利化

坚持高水平对外开放，以更加开放的姿态融入全球经济体系。通过签订自由贸易协定，降低关税和非关税壁垒，促进商品和服务的自由流动。简化投资审批流程，提供投资指南和咨询服务，为跨境投资提供便利。在坚持对企业境外投资进行合法监管、合理引导的基础上，进一步支持企业海外并购。

（三）提高中国企业境外投资能力

加强金融合作，为企业提供多元化的金融服务，支持企业跨境并购和贸易融资。鼓励企业进行科技创新合作，共同研发新技术、新产品，提升产业竞争力。提升企业发现和降低境外交易风险的能力。加强知识产权保护，确保企业创新成果的合法权益。鼓励绿色、低碳、可持续的经贸合作，推动绿色产业发展。助推企业对境外被并购方的整合能力，做到跨境并购"为我所用"，最终实现商业价值的提升。

（四）助力企业加强对目标公司的投后管理

并购完成后，对目标公司的投后管理是确保并购成功的关键环节。并购应起到优化业务流程、整合资源、提高运营效率的作用。这需要制定明确的整合战略,确保并购后目标公司的战略与企业整体业务目标一致;评估并调整目标公司组织架构,确保组织架构能够支持并购后的业务发展;避免管理混乱和决策迟缓,确保目标公司能够在并购方的体系内充分发挥自身价值。

第四节　无锡市与粤港澳大湾区科技创新合作实践与探索

粤港澳大湾区位于中国东南沿海,靠近国际主航道,海运航线涉及东南亚、南亚、中东、大洋洲、非洲和欧洲。这使得粤港澳大湾区成为"海上丝绸之路"与"陆上丝绸之路"的国际交通物流枢纽和国际文化交流中心。同时,粤港澳大湾区科教资源丰富,创新资源集聚,创新氛围浓厚,与无锡战略性产业发展契合度高。全面对接粤港澳大湾区创新资源,有助于推动无锡科技创新实现跨越式发展。无锡市与粤港澳大湾区科技创新合作实践与探索对无锡推进"一带一路"建设工作具有积极的作用。

一、合作基本情况

无锡以粤港澳大湾区三地高校科研院所和创新载体为重点,围绕科技成果转移转化、创新生态链优势互补等,多维度探索合作途径。

一是布局"科创飞地",集聚创新资源。鼓励引导各板块把"科创飞地"建到粤港澳大湾区的创新资源核心区,通过与当地科研院所、科创园区、行业协会、重点企业、风投机构等深度合作,以建设孵化空间、参与风投基金、驻点招引推介等多种形式,吸引优质创新资源向无锡集聚、为无锡所用。截至2023年,无锡在粤港澳大湾区已建或在建"科创飞地"达17家,其中深圳14家、珠海1家、香港2家。例如,江阴市、锡山区、新吴区在深圳建成创新中心和离岸孵化器;宜兴市、惠山区、经济开发区与深圳当地工业园区和行业协会共同合作运营协同创新中心;惠山区与弘晖资本、伯乐产服集团、深圳天使母基金合作在深圳设立风险投资基金。

二是对接高校院所,建立合作机制。粤港澳大湾区科教资源丰富,拥有国际一流大学及全国高等院校170多所。无锡主动对接大湾区高校与科研院所，建立合作机制，助推创新资源积极流动。2024年2月下旬，无锡市委主要领导带队赴港澳开展系列活动。无锡与包括香港城市大学、香港科技大学、澳门大学等在内的7所港澳知名高校和机构建立合作关系，共同建设香港城市大学（无锡）科技创新中心等多个科技创新平台，加速与粤港澳大湾区科创资源的合作。同时，无锡经济开发区同华南理工大学签署协议，共同创建未来技术学院，聚焦大数据和人工智能等领域。江阴市与深圳航天科技创新研究院和南方科技大学等开展成果转化、人才培养和校企协同等多维度合作，在澳门大学设立奖教奖学金，在澳门城市大学建立引才工作站。

三是依托企业主体，开展项目合作。积极引导无锡优势行业龙头企业利用粤港澳大湾区创新资源，与知名大学和科研院所加强项目和技术合作。例如，三桶油环保科技（宜兴）有限公司与香港科技大学霍英东研究院合作推进"基于碳中和工业废水硫循环综合外排处理技术开发及应用"项目；无锡高仕康新材料科技有限公司与香港理工大学开展产学研合作，开发具有优良阻燃性和舒适性的高附加值喷气涡流纺纱和织物；江苏集萃深度感知技术研究所有限公司与香港理工大学的教授团队合作，研发先进的FEC软硬件系统产品；经济开发区引进香港中文大学（深圳）罗智泉院士，建设深圳市大数据研究院无锡创新中心。

四是营造创新生态，推动协同创新。加速对接粤港澳大湾区，提速建设长三角—粤港澳（无锡）科创产业融合发展区，持续扩大创新发展"朋友圈"。无锡各板块纷纷在粤港澳大湾区举办人才推介、项目路演等系列"双招双引"活动。例如，江阴在深圳和珠海举办"霞客杯"创新创业大赛，赴深圳"飞地"和南方科技大学举办"智荟城"系列活动；宜兴分别在深圳和广州举办第四届宜兴·太湖湾国际青年精英科创挑战赛——医疗器械产业赛、第四届宜兴·太湖湾国际青年精英科创挑战赛——海归（外）人才赛，赴深圳、香港和澳门开展招商考察活动；锡山区在珠海举行粤港科技交流系列活动，开展招才引智和招商引资；滨湖区举办2023中国无锡"太湖杯"国际精英创新创业大赛（粤港澳赛区），吸引来自粤港澳大湾区的738个项目；梁溪区与澳门科技大学成立人才工作联络站，签约重大合作项目15个，总投资额约400亿元；经济开发区在深圳举行锡深数字科技产业合作交流会，宣传无锡良好的创新创业环境，推动粤港澳大湾区优质项目、资源和要素加速向无锡汇聚。

二、合作情况分析

无锡与粤港澳大湾区，特别是与香港和澳门的科技合作总体处于初级阶段，各类创新主体参与度不够，科技合作与现代产业聚合度不足。在无锡与香港和澳门的签约项目中，政府方（含具有行政管理职能的开发区）签约占多数，签约金额中政府性投入占多数；科技企业、科研院所、高等院校等各类科技创新主体占比不大，投入较少。政府的作用是引导。虽然短期内政府可以暂时性主导，但从长远看不应替代充当主体，而应采取各项措施激励各类创新主体积极参与。

单一的政产学研合作策略，难以有效对接粤港澳大湾区特别是香港和澳门国际化创新资源。香港既享有《内地与香港关于建立更紧密经贸关系的安排》等协议规定的优惠政策待遇，又实行不同于内地城市的经济与社会制度，应认真研究、创新思维，有针对性地制定与香港和澳门的行政机构、高等院校、创新团体、科技人才进行合作的策略，发挥好香港、澳门"一国两制"的优势及香港"国际联系人"的作用。要在粤港澳大湾区建设国际创新科技中心的过程中融入无锡元素，实现无锡价值，探索一套更为灵活的机制推动科技成果转化，激励粤港澳大湾区的项目团队落户无锡。

三、进一步推进对接交流的措施

无锡将围绕市委、市政府作出的高水平建设长三角—粤港澳大湾区产业创新合作（无锡）试验区的重要部署，高效推进与粤港澳大湾区的科技创新对接交流，深化创新合作，力求早出成果、多出成果。

（一）市区联动，推动与粤港澳大湾区创新合作升级

一是建立市区联动工作机制，落实责任分工，统筹推进，争创跨区域产业创新合作"桥头堡"。二是完善市校（院）战略合作机制。按照"三中心一基地"的总体布局，重点建设"创新研究中心""技术转移中心""项目孵化中心""创新人才培养基地"，推进重点领域产学研合作，共建大学科技创新中心、双向孵化基地等，深化与粤港澳大湾区高

校院所战略合作。三是推动各类"科创飞地"提档升级，以"优质科创项目异地孵化、优秀科技人才柔性引进"为目标，实现招才引智、协同研发、成果转化和企业孵化。

（二）精准对接，助力未来产业加速布局

进一步梳理与无锡战略性新兴产业、未来产业发展相适应的合作领域和创新团队，聚焦人工智能、集成电路、生物医药、新能源等重点产业，以及粤港澳大湾区高校院所的智慧城市、疾病分子诊断与生物治疗、神经科学与脑科学、数字经济及大数据应用、储能等重点研究方向，推动与学术带头人团队开展攻关合作。积极推进与各板块精准对接，促进科技成果转移转化。深入推进新吴区与南方科技大学张东晓院士团队共建研究所、新吴区与澳门的中药质量研究国家重点实验室合作，经济开发区与华南理工大学共建研究院，滨湖区与香港城市大学在微纳传感与人工智能、生物医疗等领域合作等。

（三）互动融合，加快构建协同创新合作机制

深化无锡—粤港澳大湾区科技创新合作交流机制，加强与粤港澳大湾区知名院校、研究机构及头部企业对接交流，实现产业链创新链深度融合。进一步鼓励和引导无锡各类创新主体与粤港澳大湾区领航企业、高校院所等共建联合实验室、创新中心及企业技术中心等高能级创新联合体，实现产学研用协同发展、产业链上下游联合攻关，在关键领域和"卡脖子"技术上取得重大突破；联手参与全球科技创新合作，借助粤港澳大湾区的科学基础设施优势，在基础研究、应用研究、前沿交叉领域方面加强合作，共同打造全球科技创新高地。

（四）打通通道，助力产业创新合作升级

探索对接香港"产学研1+计划"，建立无锡与香港高校科研成果转移转化及产业化项目对接专门通道。鼓励各板块加强与香港的项目对接，引进与无锡战略性新兴产业、未来产业发展相适应的创新创业团队。积极发挥科技与金融联动合作的作用，探索形成孵化在香港、转化在无锡、基金联动、各级政府支持的良好运作机制，助力无锡"465"现代产业集群发展壮大。

第六章
共建"一带一路"国家
与地区科技创新资源研究

共建"一带一路"国家与地区科技创新资源丰富，本章选取了新加坡、韩国两国，以及中国香港、中国澳门两地区作为研究对象。新加坡作为东南亚科技创新中心，拥有强大的研发能力和创新生态系统。韩国在电子、汽车、半导体等领域拥有世界领先的技术和产业优势。中国香港和中国澳门则凭借独特的地理位置和开放的经济体系，成为区域科技创新的重要节点。

第一节　共建"一带一路"国家科技创新资源研究

一、新加坡科技创新资源研究

新加坡位于马来半岛南端、马六甲海峡出入口，是世界重要的转口港及联系亚、欧、非、大洋洲的航空中心。2023 年，新加坡的 GDP 总量为 5014 亿美元，同比增长 1.1%，居全球第 30 位；人均 GDP 为 8.47 万美元，同比增长 2.3%，居全球第 5 位。根据世界知识产权组织发布的《2024 年全球创新指数》，新加坡的创新指数居全球第 4 位。新加坡作为一个自然资源贫乏、国土面积极小的国家，之所以成为亚洲"四小龙"之一，是因为大力发展科技创新事业。

近年来，新加坡制造业增加值占 GDP 比重稳定维持在 20% 左右。电子信息业是新加坡最大的精密制造业子领域，雇佣超 7 万名员工，主要产品包括半导体、计算机设备、数据存储设备、电信及消费电子产品等。新加坡拥有超过 300 家半导体企业，半导体产业链涵盖了从 IC 设计到制造和封测的各个环节。新加坡占据半导体设备市场份额的 20%，制造了全球约 70% 的半导体引线焊接机。新加坡另一领先全球的产业是生物医药。新加坡有 50 多家医药工厂和 300 多家生物科技和医疗科技企业，默克、葛兰素史克、辉瑞、诺华、罗氏制药、赛诺菲、艾伯维、安进等全球生物制药企业均在新加坡设有制造中心。

（一）新加坡创新体系

1. 国家层面

新加坡国家研究基金会作为推动科技发展和创新的主要机构，制定并执行国家研发战略，推动科技政策的落实和投资活动的开展。

2. 研究与学术层面

高等教育机构：新加坡国立大学、南洋理工大学等大学是科技研究的重要基地，承担基础研究和应用研究任务。

研究中心：新加坡科技研究局旗下的各类研究院和实验室，致力于前沿科技研究和技术开发。

3. 产业层面

企业：本地和跨国公司在新加坡设立研发中心和实验室，开展应用研究、技术创新和产品开发。

园区：新加坡设有多个园区，如工业园、创新园等，提供完善的基础设施和优越的支持服务。

（二）新加坡创新主体概况

新加坡培育发展了众多优秀的科研机构和科技企业。这些科研资源使科技创新能够长久地促进新加坡经济的发展，增强新加坡的国际竞争力。

1. 新加坡国家研究基金会

新加坡国家研究基金会成立于 2006 年，是总理办公室的一个部门。新加坡国家研究基金会通过制定政策、计划和战略来确定国家研究与开发方向，为战略举措提供资金，并通过培养研究人才来增强研发能力。新加坡国家研究基金会与研究执行者（在新加坡进行公共资助研发活动的机构）合作建立技术联盟。技术联盟以单独的研究项目为基础，围绕技术领域整合研究成果。每个联盟通过连接更广泛的本地和国际社区来实现学术界与工业界的合作，从而提高新兴技术领域在业界的知名度。新加坡相关企业可以通过参加联盟组织的技术研讨会了解最新研究，并聘请研究人员进行内部研发工作。通过技术联盟，行业成员也有机会与学术界成员参与联合研究项目。新加坡国家研究基金会建立的联盟包括新加坡 LUX 光电产业联盟、新加坡数据科学联盟、新加坡合成生物学联盟、新加坡国家生物膜联盟、新加坡电池联盟等。

2. 新加坡国立大学

新加坡国立大学在 2024 年 QS 世界大学排名中居第 8 位。计算机科学与信息系统、数据科学与人工智能等学科居世界前 10 位，电子与电气、化学工程、材料科学等学科亦位居世界前列。

新加坡国立大学拥有数个卓越研究中心和多个大学研究机构。

（1）卓越研究中心

新加坡量子技术研究中心是新加坡国立大学的一个研究机构，成立于 2007 年。该中心是新加坡在量子信息科学和技术领域的主要研究机构之一，研究重点是量子通信和安全、量子计算和模拟、量子传感和计量。该中心还致力于研究基础量子科学，包括开发量子算法、量子错误纠正和量子硬件的设计与实现。在量子通信和安全方面，该中心致力于开发安全的量子密钥分发系统和其他量子加密技术。在量子计算和模拟方面，该中心致力于用量子系统模拟复杂的物理和化学过程，以及探索量子力学的基本问题和量子技术的潜在应用。

新加坡机械生物学研究所于 2009 年成立，是世界上首个专注于机械生物学领域的研究中心，使命是探索细胞和分子在物理力作用下的行为和功能。机械生物学的研究重点集中在生物学、物理学、工程学和计算机科学的跨学科研究。

新加坡癌症科学研究所于 2008 年成立，研究范围从基础癌症研究一直延伸到实验治疗。新加坡癌症科学研究所的研究集中于癌症遗传学、细胞信号传导、干细胞生物学、肿瘤免疫学和药物发现，致力于将基础科学研究成果转化到临床应用上，以改善癌症的诊断、治疗和预后。新加坡癌症科学研究所拥有一支由国际知名科学家组成的团队，并积极与全球其他癌症研究机构展开合作。

（2）大学研究机构

新加坡国立大学和其他高校及科研单位共同建立了 20 余家研究机构。这些研究机构通过科学的基础研究和创新为产业发展作出贡献，并且联动了地区层面、国家层面和全球层面的学术交流与合作。

先进二维材料研究中心的前身是新加坡国立大学石墨烯研究中心，旨在设计、开发基于二维晶体的变革性技术。2014 年，新加坡国家研究基金会向新加坡国立大学提供了为期 10 年的资助，创建了先进二维材料研究中心。先进二维材料研究中心设有石墨烯、二维材料、二维设备、理论 4 个研究组，共同探索、合成和开发基于二维材料的新设备。

生命科学研究所是新加坡生命科学研究领域的关键力量，研究重点是免疫学、衰老、生物神经学、脂质研究、组织工程。生命科学研究所常与新加坡环境生命科学工程中心、新加坡神经技术研究所和新加坡临床成像研究中心展开合作。

能源研究所的愿景和使命是成为能源战略研究的领先机构，参与全球能源政策制定，对能源行业在地区层面、国家层面和国际层面进行研究，对能源行业相关政策的改革进行探讨。能源研究所包括 3 个部门，分别从经济、环境和安全领域开展工作。

海事研究中心是新加坡国立大学附属研究中心，专注于海事，成立于 2005 年。海事研究中心的使命是成为海事和供应链研究中心，进而把新加坡打造为全球贸易互联互通中心。海事研究中心还致力于通过主导海事相关先锋研究与工业的融合，实现商业化转化创新，进一步巩固新加坡作为全球海陆空交通枢纽的地位。

太阳能研究院是新加坡国立大学下属的研究所，也是新加坡国家级应用太阳能研究机构。太阳能研究院进行太阳能技术及其在建筑和电力系统中集成的研究、开发、测试，研究重点是光伏电池、光伏组件和光伏系统。

数据科学研究所的使命是为新加坡国立大学制定跨学科数据驱动的研究议程，并重组研究方法。作为数据科学研究的焦点部门，数据科学研究所利用其对亚洲数据集的访问权限，调动新加坡国立大学在不同学科的优势，持续打磨新加坡在数据科学研究领域的综合能力。研究所也注重与不同学科的研究人员及政策制定者进行强有力的合作，以满足新加坡在实现建设智慧国家愿景的过程中对数据科学的需求。

环境研究所成立于 2007 年，是一所大学级研究机构，专注于开发环境综合可持续性解决方案。环境研究所拥有环境科学和工程方面的专业人才，始终致力于解决环境工程问题。

3. 南洋理工大学

南洋理工大学是全球知名的研究型大学，在化学、材料学、工程学、计算机科学、生命科学等多个领域有突出的研究成果。

（1）卓越研究中心

新加坡环境生命科学工程中心是跨学科卓越研究中心，由新加坡国家研究基金会、新加坡教育部、南洋理工大学、新加坡国立大学资助，由南洋理工大学与新加坡国立大学合作主办。该中心的使命是发现、控制和指导微生物膜群落和微生物组的行为，以实现可持续的环境、工程、公共卫生和医疗应用。其研究重点主要集中在微生物生态学、环境生物技术和生物膜技术等方面，研究成果被广泛应用于水资源管理、废物处理、疾病控制和生物能源等领域。

数字分子分析与科学研究所是南洋理工大学下属的一个数字医学卓越研究中心。该机构的使命是将数字技术与医学研究、医疗实践相结合，以改善疾病的预防、诊断和治疗。其研究重点主要集中在以下方面。一是医学影像分析。利用人工智能和机器学习技术对医学影像进行分析，提高疾病的诊断准确性和效率。二是数字病理学。通过数字化病理切片和自动化图像分析技术，提高病理诊断的准确性和效率。三是可穿戴设备和远程监测。开发和应用可穿戴设备和远程监测技术，以实时监测患者的健康状况，提供个性化的医疗服务。四是健康数据分析。利用大数据技术对健康数据进行分析，以发现风险因素、追踪治疗效果。

（2）共享设施研究平台

南洋理工大学拥有多个共享设施研究平台。这些研究平台能够很好地为研究人员提供技术支撑。

认知神经影响中心的研究重点是教育神经科学、衰老与康复神经科学、临床神经科学、人工智能、计算神经科学和脑机接口等。该中心提供最先进的神经影像设备，专注于探索人脑的结构和功能，特别是正常认知功能与异常认知功能的差异。

分析、定性、测试和模拟设施中心的研究重点是材料的结构性能、加工及其在工程中的应用。该中心使用电子和 X 射线探针进行原子级晶体学、结构和化学分析，为纳米材料的设计、开发和验证提供重要的基础性支撑。

结构生物学研究所的研究重点是染色体生物学与健康、合成生物学、神经生物学、传染性疾病等。该研究所通过提供多种表达载体来适应各种蛋白质，使用核磁共振波谱、X 射线晶体学等方法来研究蛋白质结构。

纳米加工中心的研究重点是提供满足半导体制造需求的一站式服务。该中心通过晶圆级工艺和设备制造，为纳米科学和纳米技术研究提供设备及基础设施。此外，该中心还与新加坡国防部、新加坡眼科研究所等机构建立了合作关系，共同开展各种国家级项目研究。

4. 新加坡科技研究局

新加坡科技研究局是新加坡贸易和工业部下属的自治研究机构，成立目标是促进新加坡科研和人才整合，协助新加坡向知识型经济体转型迈进。新加坡科技研究局的研究领域包括生物医学、物理、工程学、信息通信技术和材料科学等。

（1）研究委员会

新加坡科技研究局拥有完善的组织架构，研究领域非常广泛，主导着新加坡的科技研发与产业创新。它是从政府层面推动技术研究与技术转化的，包括横向技术协调办公室、研究生院、创新与企业部、科研实体，其中科研实体又分为生物医学研究委员会和科学与工程研究委员会。

生物医学研究委员会监督生物加工、基因组学与蛋白质组学、分子与细胞生物学、生物工程、纳米技术等领域核心研究能力的发展，积极促进转化医学和跨学科研究；重点疾病研究领域是癌症、心血管疾病、糖尿病和其他代谢/内分泌疾病、传染病，以及神经感觉障碍。生物医学研究委员会管理着多个科研实体，如新加坡科技研究局传染病实验室、新加坡科技研究局皮肤研究实验室、新加坡生物信息研究所、新加坡生物加工技术研究所、新加坡基因组研究所、新加坡分子与细胞生物学研究所、新加坡临床科学研究所、新加坡食品与生物技术创新研究所。

科学与工程研究委员会支持通信、数据存储、材料科学、化学、计算科学、微电子、先进制造和计量等广泛领域的研究，积极推动知识密集型产业的发展。科学与工程研究委员会的重点研究领域是先进制造和工程、信息通信技术、物理、能源和环境，管理的科研实体包括先进再制造与技术中心、化学品能源和环境可持续发展研究所、高性能计算研究所、信息通信研究院、材料研究与工程研究所、微电子研究所、国家计量中心等。

（2）创新联盟

全球创新联盟是在新加坡科技研究局、新加坡教育部、新加坡经济发展局、新加坡企业发展局的联合倡议下建立的，即由新加坡与海外合

作伙伴在主要创新中心和关键需求市场建立一个网络，重点关注技术和
创新，聚焦创新项目及人才，旨在加强新加坡企业与国际的合作与接
轨。全球创新联盟不仅提供市场准入服务，还提供进入海外市场的支
持，协助企业进行市场调研、建立合作伙伴关系、参加海外展会等。

5. 企业及园区

因为亲商的营商环境、有竞争力的金融环境、在亚洲相对较低的企
业所得税、政府在人才培训等方面提供支持，全球 500 强公司中有约三
分之一都在新加坡设立了亚洲总部，管理在东南亚乃至整个亚洲的研发
中心和研究工作。这些企业的有关业务，如石化、信息、新药研发、机
器人、数字经济等，在新加坡创造了可观的产值，助力了新加坡经济的
腾飞。以下是其中有代表性的企业和企业入驻较多的园区。

（1）壳牌

壳牌（Shell）是新加坡工业领域的龙头企业。壳牌毛广岛炼油厂
位于新加坡近海的一个岛上，是壳牌在全球最大的全资炼油厂。壳牌在
新加坡还有生产乙烯、乙二醇等化工原料的工厂。

（2）默克

默克专注于医药健康、生命科学、电子科技。其中，默克生命科学
业务旗下从事全球病毒清除验证服务的实验中心设于新加坡，该中心与
设于英国斯特林和美国马里兰州罗克维尔的两个中心共享全球专业监管
知识和运营系统。默克在新加坡还有一家工厂，用于生产疫苗和其他生
物制剂，投资规模约有 5 亿美元。

（3）裕廊工业园

裕廊工业园是新加坡乃至亚洲最早的产业园之一，位于新加坡西南
部。第二次世界大战结束后，新加坡资源缺乏、工业基础落后、失业率
高。为了改变这种面貌，新加坡建立了裕廊工业园。裕廊工业园以吸引
跨国公司为发展路径，有铁路通达深水码头和海港，靠近国际航道，方
便输入原料和输出成品。最开始，裕廊工业区以传统劳动密集型产业为
主。经过半个世纪的发展，裕廊工业园现已成为国际化工重镇，是全球
重要炼油中心、乙烯生产中心。

（4）榜鹅数字智慧园区

榜鹅数字智慧园区位于新加坡东北部区域，是新加坡首个采用智慧

管理平台的产业园，也是新加坡充分融汇生态绿色、智慧低碳而打造的智慧城市的缩影。该园区的使命是建成"技术驱动、可持续发展"的智慧城镇，创造更多就业岗位。入驻该园区的企业有提供智慧生活方案的台达电子新加坡公司、机器人技术公司波士顿动力、区块链公司万向等。

6. 新加坡国家科学院和新加坡工程院

（1）新加坡国家科学院

新加坡国家科学院成立于 1976 年，属于新加坡促进和普及科学技术的学术单位。它是新加坡的专业学术机构，致力于推动新加坡科学技术的进步，以支持国家的长期发展。

（2）新加坡工程院

新加坡工程院成立于 2011 年，汇聚了该国各行业最杰出的工程师、工程科学家，以及与工程相关的学界、政界和商界领袖。按规定，新加坡工程院的新增院士须经现有院士推荐，经同行严格评议，由遴选委员会表决产生。

二、韩国科技创新资源研究

韩国位于朝鲜半岛南部，三面环海，地形多样，农业、渔业和旅游业资源丰富。韩国是一个多元文化交融的国家，不同民族和文化之间的交流融合为其社会发展注入了新的活力。

韩国通过实施出口导向型战略和扶持科技创新产业，创造了被称为"汉江奇迹"的经济高速增长期，而这也为韩国的创新发展奠定了坚实的基础。近年来，韩国政府高度重视科学技术和创新战略在国家发展中的作用，保持高强度研发投入，扶持大企业集团在特定领域实现重点突破。在世界知识产权组织发布的《2024 年全球创新指数》中，韩国居第 6 位。

韩国的优势产业主要集中在半导体、汽车、造船和显示面板等领域。

韩国的半导体产业位居世界前列。2022 年，韩国在全球半导体市场的份额达到 19%。在 DRAM 和 NAND Flash 等技术领域，韩国有着非常强势的地位。2023 年一季度，在 DRAM 市场，三星电子和 SK 海力士占据了全球超过 60% 的份额；在 NAND Flash 市场，三星电子和 SK 海力士占据了全球接近 50% 的份额。在晶圆制造方面，韩国半导体企业也拥有强劲的实力。根据麦肯锡公布的数据，韩国在先进制程的芯片制造中优势明显。

韩国的汽车产业非常发达。汽车产业为韩国创造了丰厚的收益，韩国政府也给予汽车产业极大的资金和政策支持。现代、起亚、通用等韩国企业在汽车设计与制造方面各有所长。

韩国主要有浦项制铁、现代重工和韩华海洋等造船企业。这些企业拥有完善的技术、设备和产业链，可生产各类商用船舶。造船业的飞速发展和制造能力的提升，使得韩国在海洋工程和远洋运输领域迅速崛起，并在国际市场上拥有了强大影响力。

韩国的显示面板技术处在全球领先地位。三星、LG、现代等韩国企业在显示面板领域拥有大量的专利和完备的产业链。韩国政府鼓励相关企业加强研发，掌握核心技术，拓展国际市场。

另外，韩国在人工智能、量子计算、5G/6G 通信、新材料、生物技术和航空航天等领域也保持着很强的优势。

（一）韩国创新体系

韩国的创新体系是由政府、企业、高校和科研机构等共同构成的复杂网络，通过各方面的协同合作，共同推动了韩国的科技创新和经济发展。

1. 国家层面

韩国政府在推动科技进步和创新方面发挥了至关重要的作用。《科学技术振兴法》是一部奠定韩国科技政策基础的重要法律，确立了政府在科技发展中的主导地位。《国家研究开发基本法》为韩国国家层面的研发活动提供了法律依据，确保了研发活动的系统性和连贯性。《大德创新特区建设特别法》为韩国大德创新特区的建设和运营提供了法律保障，推动了大量高新技术项目的落地和产业化。

2. 研究与学术层面

高校和科研机构在韩国的创新体系中发挥着重要的支撑作用。韩国高校和科研机构积极开展前沿研究，不断推动科技领域的突破和创新；注重创新人才的培养，通过设立创新课程、提供实践机会等方式培养学生的创新能力和实践能力；积极与企业开展产学研合作，通过共同研发、技术转让等方式推动科技成果的转化和应用。

3. 产业层面

韩国的创新体系以企业为中心，同时政府大力提供政策和资金支持。三星、LG 等大型企业之所以在国际市场上取得巨大的成功，也主要得益于这种政企合作模式。政府通过各种政策激励企业增加研发投入，如提供研发补贴和税收优惠。

（二）韩国创新主体概况

1. 政府部门

韩国科学技术信息通信部承担韩国的科技管理工作，下属机构包括科学技术创新本部、研究财团、科学技术企划评价院。其中，科学技术创新本部负责科研经费分配、科技创新发展战略制定与审议、科技创新成果管理等工作；研究财团于 2009 年依据《韩国研究财团法》成立，主要负责执行科学技术信息通信部和教育部相关研究项目和课题、管理国际科技/人才合作项目，以及进行人才培养等；科学技术企划评价院是韩国重要的科技智库，2001 年成立，主要进行科技预测、技术影响评价和技术水平评价。

2. 公立科研机构

韩国公立科研机构中最具代表性的是成立于 1966 年的韩国科学技术研究院。20 世纪 70 年代以后，不同技术领域的专业研究机构相继成立。根据设立所依据的法律，韩国公立科研机构大致可分为两类。一类是依据专门法组建的，如韩国科学技术院、光州科学技术院。这一类科研机构主要融教育和研究于一体。另一类是依据民法设立的，如韩国科学技术研究院、韩国标准科学研究院、韩国机械研究院。这一类科研机构属于综合性机构或专业研究机构。1999 年，韩国颁布《政府资助研究机构的设立、运营和育成法》，并依据该法成立人文社会、经济社会、基础科学、公共技术和产业技术方面的研究会，对公立科研机构进行分类管理。所有权和经营权适当分离进一步提高了科研机构的科技创新能力，激发了创新主体的创新活力。经过持续发展和多轮改革，韩国逐渐形成了覆盖主要科技和产业领域的现代研究机构体系。

3. 企业研究机构

从 20 世纪 80 年代开始，韩国企业纷纷设立研究所或研发机构，加强专有技术和产品核心技术的独立研发。据欧盟统计，2016 年三星电子、LG 电子、现代汽车和 SK 海力士 4 家韩国企业进入世界百大研发投入企业名录。大型企业中，三星集团的下属机构三星综合技术院是韩国企业研究机构的典型代表，也是三星集团的核心研究机构。三星综合技术院以攻克当前信息技术瓶颈为重任，同时对未来发展技术进行基础性探索研究，主要在计算与智能、通信与网络、嵌入式系统解决方案、显示器、半导体、微系统、能源与环境、生命与健康、高级材料等领域进行前沿研究和开发工作。除三星集团之外，LG 集团、现代集团、浦项制铁集团公司等韩国企业也设立了自己的研发机构。韩国大企业的研发部门或研究机构会与高校展开不同形式的合作，如委托研发、技术转移、共同研发新技术和产品、共同设立研究平台等。

4. 研究型大学

首尔大学是韩国最大的国立综合大学，在半导体、材料、能源等方面有着强大的科研实力。首尔大学拥有诸多研究机构。例如，首尔大学研发与商业化基金会依托于首尔大学，旨在通过整合学校的科研资源和优势，推动前沿技术的研发和创新，同时促进科研成果的转化和应用，为韩国的经济发展和社会进步作贡献。该机构在人工智能、生物化学、计算机应用与软件、材料测试、药品与化妆品等领域有较强的研究实力。首尔大学动物保护与使用委员会负责监督和管理涉及动物的科学研究，确保实验过程符合伦理规范。其运作不仅保障了动物福利，而且提升了首尔大学科研工作的公信力。首尔大学地球与环境科学学院是全球领先的地球科学研究机构之一，致力于大气科学、地球系统科学和海洋学的研究。首尔大学量子科学与技术中心与其他顶尖大学合作，共同推进量子计算教育和研究。首尔大学人工智能研究中心是三星电子与首尔大学合作成立的，旨在推动 AI 技术的研究与发展。此外，首尔大学的研究机构还有 RNA 研究组、强相关材料研究组、国防生物仿生机器人研究中心、记忆网络医学研究中心、农业和微生物酶中心、细胞降解生物学中心、工业和数学数据分析研究中心、能源与环境材料过程集成研究中心等。

除了首尔大学，韩国重要的研究型大学还有浦项科技大学、延世大学、成均馆大学等。

5. 产业园区

韩国产业园区主要分为国家产业园区、一般产业园区、都市尖端产业园区和农工产业园区。国家产业园区一般由国土交通部长官认定，产业发展侧重国家基础产业和尖端科技产业等。这些产业园区在政府的主导下通常享有较多的优惠政策，基础设施建设也较好。

大德科技园区位于韩国大田广域市，拥有众多研究机构，聚集了韩国超过10%的理工科博士级研究人员和韩国近23%的科研设施，研究领域涉及生物技术、纳米技术、新材料、航空航天等。园区内有近800家高科技企业，这些企业在各自的领域内不断创新，共同推动着韩国科技的发展。

大德科技园区重要研究院的情况见表6-1。

表6-1 大德科技园区重要的研究院

研究院名称	简介
韩国科学技术院	1971年由韩国政府创建，直属韩国科学技术部，是韩国顶尖的研究型大学，常与首尔国立大学、高丽大学、延世大学及成均馆大学在各项大学排行榜上居前5位
韩国电子通信研究院	主要从事电子通信领域的研究，在CDMA技术及动态随机存储器等方面有突出贡献
韩国生命工学研究院	1985年成立，前身是位于首尔的基因工程中心。致力于生命科学领域尖端技术的研发及公共基础设施的建设，主要涉及前沿生物技术和平台的基础研究、开发和技术实用化，以及医疗保健、粮食增产、环境净化、新能源开发等领域
韩国航空宇宙研究院	成功研制液体火箭推进器KSR-3，以及人造地球卫星"阿里郎1号""阿里郎2号"等
韩国原子能研究所	成功研发韩国核反应堆

大德科技园区还有众多企业附属研究院，如双龙综合研究院等。这些研究院在各自的领域内也取得了突出的研究成果。

除了大德科技园区，韩国还有许多重要的产业园区，如位于京畿道的龙仁市产业园区、位于忠清南道的公州市产业园区等。

6. 龙头企业

韩国龙头企业众多，涵盖电子、汽车、化工、金融等多个领域。以下是一些具有代表性的韩国企业。

三星集团成立于1938年，是韩国最大的跨国企业，业务涉及电子、金融、机械、化工等多个领域。三星电子是三星集团旗下的旗舰企业，在智能手机、电视、半导体等领域占据全球领先地位。

LG集团成立于1947年，是一家业务涵盖化学能源、电子电器、通信服务、生活健康等多个领域的综合性企业。LG电子是LG集团的重要组成部分，其在家电、手机等领域具有全球影响力。

SK集团成立于1953年，以能源化工、信息通信为主力产业，在石油、化工、新材料等领域具有强大的研发和生产能力。SK集团旗下的SK海力士专注于存储芯片的研发和生产，在5G、人工智能、物联网等新兴技术领域具有重要地位。

现代集团成立于1967年，作为韩国重要的汽车制造商，业务涵盖汽车及零部件的研发、生产和销售。现代汽车在全球市场上具有较高的知名度和市场占有率，在设计、性能和环保等方面表现出色。

浦项制铁集团公司成立于1968年，是一家以生产各种先进的钢铁产品为主的企业。浦项制铁集团在钢铁制造领域具有全球领先地位，其产品在汽车、建筑、机械等多个领域得到广泛应用。

第二节　共建"一带一路"地区科技创新资源研究

一、中国香港地区科技创新资源研究

香港特别行政区，总面积2754.97平方千米。香港与纽约、伦敦并称为"纽伦港"，是全球重要的金融中心、国际贸易中心、航运中心和国际创新科技中心。2023年，香港地区生产总值约为3820.5亿美元。根据世界知识产权组织发布的《2024年全球创新指数》，香港的创新指数居全球第17位。

（一）香港创新体系

1. 政府层面

香港于 2017 年成立创新及科技督导委员会、行政长官创新及策略发展顾问团、特区政府政策创新与统筹办事处，聚焦香港未来发展制定推动创新的策略。2021 年重组政府架构，改创新及科技局为创新科技及工业局，凸显由科技创新推动新型工业化的职能。2022 年成立融入国家发展大局督导组，深化与内地科技创新合作，由香港特别行政区行政长官担任组长，从顶层推进及督导跨部门、跨区域协作。

2. 研究与学术层面

高等教育机构：主要包括香港大学、香港中文大学、香港科技大学、香港理工大学、香港城市大学和香港浸会大学等。

重点实验室和研究中心：主要包括 16 个国家重点实验室，分属化学、生物、医学、信息等领域，其中香港大学 5 个、香港科技大学 2 个、香港中文大学 4 个、香港城市大学 2 个、香港理工大学 2 个、香港浸会大学 1 个。

研究中心：主要包括 6 个国家工程技术研究中心香港分中心，分别为国家专用集成电路系统工程技术研究中心香港分中心、国家贵金属材料工程技术研究中心香港分中心、国家轨道交通电气化与自动化工程技术研究中心香港分中心、国家钢结构工程技术研究中心香港分中心、国家重金属污染防治工程技术研究中心香港分中心、国家人体组织功能重建工程技术研究中心香港分中心。

公立科研机构：主要包括香港应用科技研究院、香港生产力促进局、香港生物科技研究院有限公司等。

科学院：包括香港科学院和香港工程科学院。二者是为推动香港科技发展而成立的民间主导的非营利机构。

3. 产业层面

产业层面主要包括科技产业园区，如香港科技园公司、数码港等。

（二）香港创新主体概况

1. 政府部门

（1）创新科技及工业局

创新科技及工业局是香港特别行政区政府的决策局，专责推动创科应用及智能生产的再工业化。机构内设有创新科技及工业科、数字政策办公室、创新科技署。

（2）融入国家发展大局督导组

融入国家发展大局督导组由香港特别行政区行政长官担任组长，政务司、财政司、律政司的三位司长任副组长，从策略和宏观角度推进及督导跨局工作，加强与内地机构沟通。

2. 高校和研发机构

（1）香港大学

香港大学是中国香港一所综合性、国际化公立研究型大学，在2024年QS世界大学排名中居第26位。香港大学设有建筑学院、文学院、教育学院、工程学院、法律学院、牙医学院、理学院、社会科学学院等。

第一，国家重点实验室。

脑与认知科学国家重点实验室成立于2005年，是人类神经科学前沿研究的战略平台，采用跨学科、多层次的研究手段，探索人类认知和情感的神经基础，以及生物、心理、社会环境对调节大脑和心理健康的神经认知和情感过程的影响。

新发传染性疾病国家重点实验室成立于2005年，是由科学技术部支持的国家重点实验室，旨在了解新发性传染病的基础情况，通过进行前沿的研究，协助全球抗击传染病和改善公共卫生。实验室的研究项目涵盖各种传染病，包括流感、冠状病毒和其他新出现的感染。

肝病研究国家重点实验室（香港大学）于2010年成立，为肿瘤研究所、上海交通大学的癌基因与相关基因国家重点实验室的伙伴实验室，致力为肝病提供更好的预防、更准确的诊断和更有效的治疗方法。

合成化学国家重点实验室于2011年成立，为中国科学院上海有机化学研究所有机金属化学国家重点实验室的伙伴实验室，旨在为具有新型键合、结构和性能的新功能分子的创造发明，以及这些新发明/制备的分子的应用研究提供平台。

生物医药技术国家重点实验室于2013年成立，旨在开展肥胖、糖尿病及心血管并发症的基础、临床、转化研究，与南京大学医药生物技术全国重点实验室为战略合作关系。

第二，联合实验室。

中国科学院—香港大学新材料合成和检测实验室成立于 1997 年，依托中国科学院理化技术研究所。目标是开发创新的光功能分子材料和用于光化学转化的实用光催化剂。研究项目包括合成化学、光化学和分子材料的激发态动力学、杂交材料和人工光合系统。

上海—香港化学合成联合实验室成立于 1999 年，位于中国科学院上海有机化学研究所。联合实验室与香港大学、香港中文大学及香港中心的研究小组合作，主要研究方向为手性配体的设计及其在不对称催化、天然产物合成、金属配合物的结构化学与催化、分子设计与分子识别、自组装性能研究、催化聚合、大分子组装、计算化学和物理有机化学等方面的应用。

化学地球动力学联合实验室成立于 2009 年，位于中国科学院广州地球化学研究所。联合实验室主要承担岩石圈演化的研究项目，以揭示造山和地幔柱引起的岩浆作用、矿化作用和环境变化的机制。目标是在全球范围内研究地球深部和地表过程，并解决与自然资源开发、环境变化、城市发展、地质灾害和污染有关的问题。

深港生物材料联合实验室成立于 2011 年，位于深圳先进技术研究院。主要目标是为人类应用的生物材料的开发和评估提供研发平台，包括老化骨质疏松性骨折的预防和治疗，以及其他肌肉骨骼损伤的修复。

第三，研究院。

香港大学深圳研究院成立于 2011 年，致力于发展高新知识转移、产业孵化，引进重点实验室和研发中心，培养复合型科研人才，进一步深化科研成果与深圳科创产业全方位合作与交流。截至 2023 年，已有 223 位学者在研究院有立项课题。

香港大学浙江科学技术研究院成立于 2012 年，是一家由浙江省政府、杭州市政府、临安区政府及香港大学四方共建的民办非企业法人单位。研究院在先进材料、智能制造、洁净能源、可持续环境、生物医疗界面、人工智能及空间探索领域打造了多个跨学科和多技能的科研团队，拥有多项科研成果。

（2）香港中文大学

香港中文大学是一所享誉国际的公立研究型大学，在 2024 年 QS 世界大学排名中居第 36 位，拥有诺贝尔奖、菲尔兹奖、图灵奖、拉斯克奖及香农奖得主任教。香港中文大学设有文学院、工商管理学院、教育学院、工程学院、法律学院、医学院、理学院和社会科学院。

第一，国家重点实验室。

转化肿瘤学国家重点实验室位于威尔斯亲王医院，汇聚了不同学科的研究人员。他们来自香港中文大学与中山大学，是进行基础癌症研究的临床专家。实验室针对常见的癌症，尤其是鼻咽癌、肝癌和胃癌进行深入研究，致力于开发新的治疗方案。

农业生物技术国家重点实验室成立于 2008 年，旨在提升农业科学技术至世界领先水平，提高农业生产力，保障国家粮食安全和改善人民膳食营养结构。以现代生物科技加上农民及育种家的传统智慧，实验室致力于创造知识、开发新技术及产品、培养高素质科研人才。

药用植物应用研究国家重点实验室成立于 2009 年，是中国科学院昆明植物研究所的伙伴实验室。实验室旨在结合香港中文大学与昆明植物研究所的研究优势，以科学方法验证中药的效用和安全性，推进中药在现代医学上的应用。实验室致力于研究植物化学和西部植物资源的持续性，涉及癌症治疗、心血管健康、保健产品开发、DNA 鉴别等范畴。

合成化学国家重点实验室是由香港中文大学、香港大学、中国科学院上海有机化学研究所金属有机化学国家重点实验室共同建立的，主要研究新颖合成物的设计、合成与应用。

消化疾病研究国家重点实验室成立于 2013 年，以消化道肿瘤、消化道溃疡出血、慢性肝病、炎症性肠病等消化病为研究重点，集中进行基础医学、转化医学和临床应用等方面的深入研究，致力于提升消化道肿瘤和其他消化道疾病诊治水平。

第二，研究中心。

香港中文大学的研究中心研究范畴涵盖健康、生物医学、机器人工程和人工智能领域。这些研究中心基于香港中文大学的尖端研究智慧，与牛津大学、剑桥大学、卡罗琳斯卡医学院、加州大学伯克利分校、苏黎世联邦理工学院、麻省理工学院等知名学府合作，积极推动香港成为国际创科中心。

神经肌肉骨骼再生医学中心是一个多学科的国际团队，以收敛准则集合生物医学与工程学的各种技术，修复因创伤、病变或衰老退化而受损的神经肌肉骨骼组织，恢复相关器官的结构和功能。中心结合香港中文大学与卡罗琳斯卡医学院在干细胞、生物材料、3D生物打印、组织工程、转化医学等方面的人才和专业知识，开展五大研究项目：干细胞及细胞疗法、组织工程与3D微组织模型、细胞和分子机制、临床前评估和临床转化、促成技术。

创新诊断科技中心旨在利用最前沿的分子诊断学技术，开发基于血液与其他体液的无细胞核酸诊断技术，特别是和癌症相关的产前诊断技术。这些研究能加速液体活检的应用，推动香港成为全球领先的分子诊断中心。

香港微生物菌群创新中心专注于人类微生物群的科学研究，并将之转化为用于早期疾病检测与预防的创新项目，以推动创业。创新中心亦致力于为肥胖、癌症、孤独症、炎症性疾病等开发新型微生物群诊断技术和活体生物治疗药物。

博智感知交互研究中心利用香港拥有的国际科研网络优势，为人工智能人才创造更多培训及交流的机会，并鼓励及协助初创企业公司把研究转到更加切合工业化需求的方向上。研究团队在计算机视觉、多语言语音与语言技术、自然语言处理与人工智能产品设计、自动化生产等领域累积了丰富的研究经验。

香港物流机械人研究中心主要研发应用于未来工作场所的机器人与人工智能技术，同时致力于为物流行业的迫切性问题提供创新解决方案。研究中心尤其重视智能感知、智能交互、智能操控和智能移动等。

医疗机械人创新技术中心实验室的定位是通过研发用于诊断和治疗的腔内多尺度机器人平台、磁引导腔内机器人平台及影像引导式机器人平台，实现新型手术机器人技术的转化研究和产品化。

第三，香港中文大学（深圳）。

香港中文大学（深圳）自2014年成立以来，学科建设逐步完善，设有经管学院、理工学院、人文社科学院、数据科学学院、医学院、音乐学院等。学校面向全球招聘引进了600余名国际知名优秀学者和研究人员，其中包括诺贝尔奖得主5名，各国院士超40名。

（3）香港科技大学

香港科技大学是中国香港一所研究型大学，在 2024 年 QS 世界大学排名中居第 60 位，设有理学院、工学院、工商管理学院、人文社会科学学院、跨学科学院。

第一，国家重点实验室。

分子神经科学国家重点实验室于 2009 年成立，是神经科学国家重点实验室（中国科学院上海生命科学研究院）伙伴实验室。实验室致力于推进分子神经科学基础研究，促进中国新兴生物技术企业的形成。实验室聚焦神经变性与再生领域，研究关键神经退行性疾病的病理生理机制，探索再生机制并制定有效的干预策略；聚焦神经技术和药物开发领域，开发治疗神经系统疾病的方法。

先进显示与光电子技术国家重点实验室成立于 2013 年。实验室的基础和应用研究项目集中在以下领域：氧化薄膜晶体管（TFT）阵列技术、第三代有机 LED（OLED）器件、液晶显示（LCD）器件、视频信号处理、集成电路设计。实验室的一项主要任务是开发节能绿色显示器，包括有源矩阵有机发光二极管（AMOLED）显示器。

第二，香港科技大学赛马会高等研究院。

香港科技大学赛马会高等研究院成立于 2006 年，致力于为世界顶尖的科学家和学者提供一个催化互动的平台。研究院聘请顶尖学者担任教授，积极邀请不同领域的知识领袖前来访问、交流。研究院主要包含两个研究中心。一是基础物理研究中心，研究课题包括粒子物理学、天体物理学和宇宙学等。二是量子技术研究中心，研究领域包括量子材料、量子控制、量子器件和量子算法等。

第三，内地科研平台。

香港科技大学深圳研究院成立于 2001 年，发挥着连接深港两地科研和学术交流的重要作用。2006 年香港科技大学加入深圳虚拟大学园国家大学科技园。2007 年港科大研究开发（深圳）有限公司成立，着力推进香港科技大学在深圳的科技成果转化、产业孵化、重点实验室和研发中心引进、高层次人才培养等。

香港科技大学霍英东研究院由霍英东基金会捐建，于 2007 年正式落户广州市南沙区。研究院依托香港科技大学领先国际的科研及教育优势，致力于创新科技研发与成果转化，以及高端科技人才的培养，重点布局物联网、先进制造与自动化、先进材料、绿色建筑与环境等领域。

香港科技大学 LED-FPD 工程技术研究开发中心是佛山市南海区人民政府与香港科技大学共同组建的发光二极管（LED）与平板显示（FPD）工程中心，成立于 2012 年，定位为"立足佛山，辐射广东，影响华南，连通港澳"。中心致力于为佛山乃至广东省的企业提供相关领域的全方位服务，包括工程建设项目、产业转型支持、技术研发、产品性能测试与分析、可靠性评估及失效分析、产品标准认证、技术培训及人才培养等。

（4）香港理工大学

香港理工大学是中国香港一所综合性公立研究型大学，在 2024 年 QS 世界大学排名中居第 65 位，设有理学院、工商管理学院、建设及环境学院、工程学院、医疗及社会科学院、人文学院、时装及纺织学院、酒店及旅游业管理学院等。

第一，国家重点实验室。

化学生物学及药物研发国家重点实验室成立于 2010 年，为中国科学院上海有机所生命有机化学国家重点实验室伙伴实验室。实验室专注于有机合成和催化、化学生物学及相关的诊断学等方面的研究课题。研究目标主要有：研究合成新型化合物和天然产物以及生物化合物的新技术；研发用于提高医疗、降低毒性的保健和新型药物制剂；探索新型分子技术，用于药物和医疗保健产品的研发。

超精密加工技术国家重点实验室成立于 2009 年，为天津大学、清华大学精密测试技术及仪器全国重点实验室伙伴实验室。主要研发方向为微纳米机械加工、超精密加工技术和工艺、自由曲面测量、先进光学制造及其应用。

第二，国家钢结构工程技术研究中心香港分中心。

国家钢结构工程技术研究中心香港分中心成立于 2015 年，依托中冶建研院组建国家钢结构工程技术研究中心。主要研究方向为高强度钢、复合钢制品、高强度钢结构件焊接工艺规程等。建有自适应型管状结构力学性能实验室、腐蚀防护技术实验室、韧性钢结构和智慧结构实验室、力学与钢材实验室等。

国家轨道交通电气化与自动化工程技术研究中心香港分中心成立于2015年,依托西南交通大学的国家轨道交通电气化与自动化工程技术研究中心,主要开展高铁牵引动力系统与安全技术研究、高铁监测先进传感技术研究、高速列车状态监测与振动控制研究。

第三,中国科学院联合实验室。

中国科学院数学与系统科学研究院—香港理工大学应用数学联合实验室于2019年成立,研究课题包括非线性优化、变分不等式、非线性方程、矢量优化、最优控制和物流、数值积分、燃烧数值模拟、光滑粒子流体动力学、遗传算法和神经网络。

中国科学院广州地球化学研究所—香港理工大学粤港澳大湾区环境污染过程与控制联合实验室于2019年成立,主要研究方向为空气质量的改善、城市群的环境和居民健康、城市受污染土地的修复、城市固体废物和污水的处理、河口和沿海地区的生态管理。

中国科学院武汉岩土力学研究所—香港理工大学固体废弃物科学联合实验室于2024年成立,主要从事城市及工业固体废弃物多尺度测试表征方法、界面改性调控理论和协同重构再生技术方面的研究。联合实验室围绕国家战略需求和学科前沿,聚焦固体废弃物资源化过程中的关键科学问题和核心材料与装备,积极承担国家重大基础研究项目、技术攻关项目及重点工程项目,以期推动"美丽中国"建设、"无废城市"建设、粤港澳大湾区建设等。

中国科学院深圳先进技术研究院—香港理工大学多模态医学分子影像联合实验室于2024年获批,正处在筹建阶段。

(5)香港城市大学

香港城市大学设有商学院、人文社会科学院、工学院、理学院、赛马会动物医学及生命科学院、创意媒体学院、能源及环境学院、法律学院、计算学院等,在2024年QS世界大学排名中居第52位。2024年,香港城市大学(东莞)正式设立并开始招生。

第一,国家重点实验室。

太赫兹及毫米波国家重点实验室成立于2008年,是香港首家工程领域方面的国家重点实验室。实验室致力于拓展太赫兹及毫米波技术的发展与应用,核心研究领域包括天线设计、射频集成电路及快速运行算法。实验室与东南大学结合成策略性伙伴，长远的目标是透过基础及应用研究协助国家提升通信技术。

海洋污染国家重点实验室成立于 2010 年。实验室与厦门大学近海海洋环境科学国家重点实验室结为伙伴实验室，致力开发创新的化学、生物和工程技术，以及侦测、评估和控制影响海洋环境的污染。

第二，国家工程技术研究中心香港分中心。

国家贵金属材料工程技术研究中心香港分中心成立于 2015 年，主要研发方向为新型纳米结构材料、新型贵金属、金属玻璃，力争在贵金属和纳米材料的设计、制备、表征和装置方面达到国际先进水平。

第三，香港城市大学深圳研究院。

香港城市大学深圳研究院成立于 2001 年，是香港城市大学科研的有机组成部分，亦是香港城市大学研发工作在内地的延伸，同时肩负着使香港城市大学科技成果向内地转移的使命。研究院下辖多所研发中心及专业实验室，其中包含 3 所国家重点实验室及工程中心深圳研发平台，5 所深圳市重点实验室。

第四，香港城市大学成都研究院。

香港城市大学成都研究院是川港科技创新合作的一个重要平台。研究院成立于 2017 年，能提供完备的应用科研、成果转化、创业孵化等服务。已启动的项目包括互动媒体电算应用中心、虚拟现实互动教学环境实验室、虚拟现实创新开放平台实验室、先进气流组织实验室等。

（6）香港浸会大学

香港浸会大学在 2024 年 QS 世界大学排名中居第 295 位，设有文学院、工商管理学院、中医药学院、传理学院、理学院、视觉艺术学院、社会科学院及持续教育学院。

第一，国家重点实验室。

环境与生物分析国家重点实验室成立于 2013 年，是中国科学院生态环境研究中心环境化学与生态毒理学国家重点实验室的合作伙伴。实验室结合香港浸会大学及内地合作实验室在持久性有机污染物分析方面的研究经验和良好基础，通过与生物科学、环境科学、材料科学等学科交叉渗透，建立以蛋白质组学、代谢组学、生物传感和生物成像为重点的生物分析平台；瞄准持久性有机污染物环境与健康研究的国家需求和学科前沿，提出环境和生物体中持久性有机污染物的分析测试新原理，建立分析测试新方法、新技术，研制新型检测仪器或装置。

化学生物传感与计量学国家重点实验室分室成立于 2013 年。香港浸会大学与湖南大学签署合作协议，共同开展分子科学、生物医学与转化科学的研究，特别是中医药系统生物学与创新药物等方面的研究。

第二，联合实验室。

环境科学联合实验室成立于 2002 年，旨在加强香港浸会大学与中国科学院环境研究中心的合作。二噁英分析实验室隶属于该联合研究所，支持有关二噁英及其他持久性有机污染物的研究，并且能为社会提供分析服务。

第三，香港浸会大学深圳研究院。

香港浸会大学深圳研究院于 2002 年成立，是香港浸会大学立足深圳设立的以"创新科研"为宗旨的研究发展基地。研究院依托深圳市科技创新战略研究中心（深圳虚拟大学园）这一创新人才培育、创新技术扶持、创新成果转化平台，从事跨学科研究和高端人才培养。研究院下辖研究中心汇聚香港浸会大学极具科研实力和科研优势的两大学院——理学院及中医药学院，积极开展创新研究，推动跨学科的项目合作，促进科技成果转化。

第四，香港浸会大学常熟研究院。

香港浸会大学于 2013 年设立香港浸会大学常熟研究院，旨在推动创新科技研究及促进科研成果转移。香港浸会大学常熟研究院坐落于常熟市经济开发区，设有分析实验室、精密仪器室、微生物实验室等，以及多媒体教室、多媒体会议室等。

3. 公立科研机构

（1）香港应用科技研究院

香港应用科技研究院由香港特别行政区政府于 2000 年成立，其使命是通过应用科技研究提升香港的竞争力。研究院的主要科技研发领域可归于 5 个技术部门：先进电子元件及系统、人工智能及可信技术、通信技术、创新思维、物联网感测与人工智能技术。技术研发主要应用在 6 个重点范畴：智慧城市、金融科技、新型工业化及智能制造、数码健康科技、专用集成电路及元宇宙。多年来，研究院致力培养研究及科创人才，凭借技术创新及对业界和社会的杰出贡献屡获殊荣。截至 2024 年，研究院将超过 1500 项技术转让给业界。

研究院主要包括以下机构。

第一，国家专用集成电路系统工程技术研究中心香港分中心。

成立于 2012 年，是首个国家工程技术研究中心的香港分中心。中心围绕三维集成芯片、第三代半导体和低功耗无线连接芯片开展科学研究、工程转化和人才培养等工作，下设第三代半导体封装与集成实验室、第三代半导体电力与能源实验室、人工智能芯片及硬件加速器实验室、高速接口与 EDA 实验室、先进射频芯片实验室。

第二，产业技术联盟。

微电子技术联盟：2022 年成立，旨在为中国香港、中国内地和海外的微电子和半导体领域的业界人士提供一个交流和知识共享平台，探索合作与技术商业化机会。

智慧出行车联网技术联盟：2023 年成立，旨在为中国香港、中国内地和海外的智慧出行车联网产业参与者提供一个交流和知识共享平台，探索协作和技术商业化机会。

金融科技与永续发展联盟：2024 年成立，旨在为中国香港、中国内地和海外的金融科技生态圈，包括监管机构、政策制定者、孵化器与加速器、金融科技初创企业等主体建立一个交流和分享知识平台，积极寻求合作与技术商业化机会。

建筑及房地产科技联盟：2024 年成立，旨在为建筑及房地产行业的生态圈构建一个推动跨界合作、知识共享及技术商业化的平台。联盟致力于运用科技提高建筑和房地产行业的效率及可持续性，从而帮助产业界适应行业和社会不断变化的需求。

（2）香港生产力促进局

香港生产力促进局成立于 1967 年，下设数码科、资助计划科、智慧生活创新科、先进技术科和多家附属公司，致力于以世界级的先进技术和创新服务推动香港企业提升生产力。香港生产力促进局作为市场导向的应用研发机构，以创新科技推动香港及大湾区新型工业化，成就发展新质生产力，全面促使香港成为国际创新科技中心及智慧城市；提供全方位的创新方案，提升企业生产力和业务效率，减省企业运营成本，令企业在本地和海外市场中保持竞争优势。香港生产力促进局积极与本地工商界及世界级研发机构合作，开发应用技术方案，为产业创优增值。香港生产力促进局亦致力为中小企业和初创企业提供实时和适切的支持，并提供各类未来技能发展课程，让企业及学界掌握最新数字化及STEM技术，以加强人才培训，提升香港竞争力。

第一，新型工业化。

智能生产线：香港生产力促进局拥有高水平专业顾问团队，整合人工智能、机器人、物联网、大数据等技术，帮助企业建立智能生产线。香港生产力促进局也会支援有意在香港设立智能生产线的厂商申请香港特别行政区政府创新及科技基金"新型工业化资助计划"的资助。政府会以1（政府）：2（公司）的配对形式提供资助，最高资助额为项目总支出的三分之一或1500万港元，金额以较低者为准。

转型升级：在推动新型工业化的过程中，香港除了要发展新兴产业，也要进行传统产业升级转型。香港生产力促进局可协助企业善用科技，逐步实现数字化转型，践行可持续发展的理念，在产业价值链中创优增值，踏出新型工业化的第一步，实现香港在粤港澳大湾区发展中"走出去、引进来"的双重作用。

新型工业化人才培训：人才培训是科技发展不可缺少的部分。香港生产力促进局可通过提供培训项目帮助企业提升竞争优势，把握新型工业化带来的机遇。

第二，工业互联网。

产品生命周期管理顾问服务：涉及整个产品生命周期及其相关数据的管理，包括概念、设计与制造、服务与保养，以及最终弃置。例如，需求评估、软件评估和系统采集、业务流程创新和项目实施、项目管理和质量保证。

智能自动仓库和物流：包括智能仓库管理培训、智能自动仓库和物流管理系统。

实时生产追踪系统：使用实时数据采集技术，提高生产产出的可追溯性，包括制造执行系统培训、RFID模具跟踪系统、实时制造执行系统。

知识为本工程：将行业性的设计及生产知识与3D CAD结合，以配合知识为本的设计趋势。

无线室内定位及大数据定位分析技术：采用先进的无线技术进行室内定位，并提供增值的大数据分析，以提高顾客满意度。该技术适用于零售、会展和旅游业。

香港工业无人机技术中心：为香港特别行政区政府部门、工业、建筑和制造行业推广先进无人机技术与应用，包括提供专业的无人机驾驶员服务，进行测量、检查、航线优化和自主飞行任务，通过机器视觉、数据分析、人工智能、条件监测等为不同领域开发无人机应用。

第三，人工智能和机器人。

人工智能钣金表面缺陷分析技术：运用深度学习电脑视觉的方法，实现瑕疵表面缺陷检测，能够减少人为认知偏差及低实时表现对瑕疵检测的影响。该技术可以显著缩短检测时间和减少用于金属零件表面瑕疵检测的人力资源。

机器人应用：可为客户提供不同类型机器人（如直角坐标机器人、SCARA机器人、六轴机器人等）的可行性分析，以及整体的应用设计和开发方案。

自动化可行性分析评估：识别潜在可自动化的流程，制作可建议达至自动化生产的路径图，配合投资回报的分析实现风险管理。

3D自动加工：提供3D自动加工（如切割、抛光等）的技术解决问题方案，提升效率和生产力。

图像与超声波识别的人工智能及机器人应用研究：融合人工智能、图像识别、超声波及机器人技术，提升智能自动化技术在不同领域的应用，如结合机械臂、无人机、无人车进行区域缺陷检测、零件缺陷检测、结构损伤诊断等。

地空协同隧道自动检测系统：采用人工智能、机器人技术和全站仪定位技术，推动隧道检测朝智能化、自动化和数字化方向发展。

基于增强现实技术的机器人控制系统：通过协同任务规划、直观的机器人控制，以及从人类示范中学习任务和人机协作的互补性，在工业机器人运作的安全和效率之间实现更好的平衡，以适应实际生产中各种不断变化的场景。

第四，新材料。

复合材料技术：为复合部件生产提供从产品设计、材料组合、加工工艺到测试评估的一站式解决方案。

先进合金及金属复合材料加工技术：为金属压铸、钣金成型、金属接合、金属机械加工、金属和非金属复合物料加工提供一站式解决方案。

表面处理及化学技术：为表面涂层和处理、功能材料开发、材料测试、等离子处理、化学工程和电镀工艺提供一站式解决方案。

新颖合金和复合材料技术：研制超轻镁锂合金、导热铝—硅合金、铝—硅—石墨片复合材料，进行金属断裂分析，延长产品寿命。

第五，先进制造技术。

三维扫描及逆向工程服务：三维扫描为一种以非接触式方法获取物体或场景的三维纹理和表面形状信息的技术，可透过专业设备，如三维扫描仪，构建物体表面的点云数据，再使用相应软件处理所得数据创建高精度的三维模型。

柔性金属纤维多孔材料制造技术：通过环保、安全的物理方式，制作新型金属多孔材料。此工艺适用于多种金属材料，可通过调整生产过程制作不同密度、大小、形状的成品，以满足市场多样化的需求。

先进模具冷却技术及计算机辅助工程：设计、分析及实现随形冷却控温管道，以提升注塑及压铸零部件质量、缩短生产周期、降低生产成本。

双激光金属打磨技术：利用电脑编程把连续或脉冲式激光精准聚焦到零件表面，使金属表层瞬间熔化，形成光滑表面。该技术适用于打磨精密模具、汽车零部件、医疗植入件等。

先进积层制造（3D打印技术）与直接制造：提供顾问及3D打印服务，包括产品设计及开发、3D扫描、3D计算机辅助设计、多样化物料3D打印及小批量生产。

扩散焊接技术：在真空、高温及高压的环境下将内藏模具钢材重新熔合，用于制造内嵌随形水路的模具零件。

电流辅助订制钣金自由成形技术：提供切合钣金增量成形的技术评估、技术设计、电脑辅助工程和刀具路径设计服务。

塑胶加工及机械技术：为物料供应商、制品商、模具加工商和机械设备制造商提供一站式解决方案，以及优质的顾问、支援服务。

多元化电脑辅助应用技术：运用先进的电脑辅助工具优化生产，包括产品设计、加工制造、生产计划等，帮助企业建立完善、电脑化和数码化的制造生态系统。

第六，数码转型。

数码转型支援：创建一站式全方位平台，连接各大技术伙伴，提供各式各样的低成本、高效益云端方案及入门数码方案，促使中小企业轻松实践数码转型。服务包括资讯科技战略规划和评估、项目管理、设计思维方法。

研究及分析：提供市场研究解决方案，帮助企业更深入地了解受众和客户。研究及分析的结果会以可视化方式显示。

策略性资讯科技管理：包括 IT 策略性评估与规划、IT 解决方案评选、IT 项目管理与质量保证、系统实施与整合。

网络保安：提供综合网络安全测试和咨询服务，涵盖多个方面，包括"网络安全、隐私及合规部署基本原则""设计和架构""培训和训练""主动式网络安全方案""多元智能网络安全方案""防御式网络安全方案""智能强化方案"。

软件测试自动化咨询服务：全面分析企业现行的测试流程及改善空间，利用行业领先的工具，为企业定制测试自动化方案，确保测试方案成效良好。

区块链咨询研发服务：包括区块链咨询、Web3 及 Fintech 集成咨询、设计以区块链为基础的系统、智能合约开发、区块链集成、区块链安全评估、区块链应用技术开发。

第七，绿色科技。

中药、保健食品、健康产品：提供最新的研究资料，分析客户的产品清单，比对及分析市场上不同类型产品。提供关于合乎市场需要的适用剂型及核心有效成分的建议，测试配方的成效、稳定性及安全性，设计及运用不同实验模型（如细胞或动物实验），进行药物/健康相关机理研究。提供有关设计、开发和运作生产线的建议，以及有关认证标准及管理规范的建议。

碳中和及全方位碳管理：包括企业碳管理咨询、产品碳管理咨询、温室气体审定和核查、碳审计、产品碳足迹量化、制定碳中和目标及路线图、科学基础减量目标倡议支持及规划、气候变化风险评估及规划。

企业环保采购：协助企业确立环保采购政策及策略，确立产品及服务的环保采购规格。提供有关产品可持续发展、环保指令和环保法规的专业培训。

生态设计及制造管理顾问服务：通过借鉴专业的国际及国家生态设计与制造系统标准，加强产品的研发和制造运作；协助产业界达到相关国际及国家标准。通过实施特定行业的绿色设计与制造、绿色增值评估及审查，协助产业转型和满足客户要求。

垃圾堆填区渗滤液的高效除色处理工艺：通过加入自主研发的复合式化学沉淀剂，有效去除堆填区渗滤液中的色素和难降解的有机物。

第八，食品科技。

食品生命周期：提供从农场到餐桌的食品生产技术顾问服务、智能仓库技术顾问服务、综合性技术方案。

先进食品加工技术：开发创新性食品处理技术。定期举办海外先进实务培训课程，供业界了解最新的技术。

食品安全管理：提供有关不同食品安全管理系统的培训服务、定制化食品安全管理系统顾问及稽核服务、食物环境卫生署认可的食物卫生及安全课程。

第九，测试标准。

中药样本测试：进行中药及中药产品中微量有机物、重金属、非金属及微生物污染分析，提供顾问服务。

气味测试：成立气味及气体实验室，提供符合英国/欧盟标准方法的气味测试，测试项目包括样本的气味浓度分析、强烈度分析、快乐度分析等。

电子及电气：包括电子及电气产品的可靠性测试及电磁兼容测试。

绿色材料开发与塑胶工业：提供生物降解及气候老化测试、材料性能测试，进行塑胶材料鉴别、品质评估等。

功能材料及涂层分析：为制造业提供专业的测试服务，主要进行材料的化学分析、防腐能力测试、表面镀层分析，以及表面处理工件的品质测试、物理性测试、失效分析。

（3）香港生物科技研究院有限公司

香港生物科技研究院有限公司成立于 1988 年，肩负促进和鼓励香港生物科技及中药行业发展的使命。借助香港特别行政区政府创新科技署的拨款资助，香港生物科技研究院有限公司得以充分添置研究与生产设备，积极参与工艺开发。

香港生物科技研究院有限公司主要提供以下服务。

第一，中药部。

香港生物科技研究院有限公司拥有香港中医药管理委员会批准的制造商牌照和制造商证明书（中成药生产质量管理规范），致力于生产粉末、颗粒、丸剂、片剂和胶囊，用于试验、临床试验和商业用途。

香港生物科技研究院有限公司配备了现代化的生产设备，如封闭式提取和低温真空浓缩系统、喷雾干燥机、干法及湿法造粒机、混合机、药丸成型机、胶囊填充机、压片机、铝塑包装机、小袋包装机和数粒装瓶机。

因此，中药部能在按成本和按次收费的基础上提供合约制造、产品配方设计、生产流程开发、制备临床试验样品及安慰剂、分析和测试服务、产品注册和咨询服务。

第二，生物制品部。

生物制品部是香港生物科技研究院有限公司的核心部门，在香港提供独有的基础设施，用以支援生物科技制程的发展。其生产质量管理规范（GMP）标准设施为生物科技初创公司提供了快速的解决方案，方便生物科技初创公司在人力和仪器维护方面进行最少的前期资本投资。生物制品部的服务包括从实验室到中试规模的生物制程工艺开发及用于临床试验的生物药成分的生产，能促进生物科技公司上游研究成果的产业化。

生物制品部的实验室配置了不同规模的配备，包括用于实验室规模研究的 60mL—5L 发酵罐，以及用于试验制程开发的 100L—350L 发酵罐等。生物制品部能为细菌培养和细胞培养的生物制程工艺开发提供相关设备和专业知识。

第三，生产质量管理规范顾问部。

作为提供生产质量管理规范培训及技术支援服务的先驱，生产质量管理规范顾问部一直在推进和支持香港本地中西药产品生产质量管理规范的实践上扮演着重要的角色。透过熟悉本地工程界资源、建筑规范及制药法规的要求，再加上自身的专业知识，生产质量管理规范顾问部能帮助客户建立符合生产质量管理规范的厂房设施。为确保本地制药业界符合国际生产质量管理规范的最新要求，生产质量管理规范顾问部一直致力为本地药业界提供 PIC/S（国际医药品稽查协约组织）生产质量管理规范培训服务。

4. 科学院

（1）香港科学院

香港科学院成立于 2015 年，为民间主导非营利机构。香港科学院的工作包括：推动香港科技前进及发展；推进香港的科技教育；组织科学普及活动；推动香港成为卓越的科研中心，提升大众对科技的认识及兴趣。香港科学院积极与工商业界合作，以加强科研成果的转化应用；亦就香港的科研和科技教育政策展开研究，提供专业意见，供社会及政府参考。香港科学院院士为终身制。所有居于香港或外地，对香港科研发展有巨大贡献的科学家，不论国籍，均有资格当选为香港科学院院士。

（2）香港工程科学院

香港工程科学院由香港的杰出工程师组成，成立于 1994 年。香港工程科学院是香港工程界的领导力量，致力推动香港工程科技的发展，以及培育本地人才和专业人士。

5. 科技产业园区

（1）香港科技园公司

香港科技园公司成立于 2001 年，是香港特别行政区政府推动创新发展的重要依靠。

第一，创科园区。

科学园：提供专为创科及企业伙伴而设的研发办公室，面积达 400 万平方米。截至 2024 年，科学园的科技企业超过 2000 家，创科社群成员超过 24000 名，其中包括 15000 余名研发人员。

创新中心：创新中心是香港科技园公司创新与科技生态圈的组成部分，是发展金融与绿色科技和培育创新者与初创企业的专用中心，能出租不同规模的企业办公室、合作空间、会议区和活动空间。

大埔创新园：位于大埔创新园，主要客户为食品制造、媒体服务及时尚产品公司。大埔创新园的重点项目包括精密制造中心、医疗用品制造中心等。

将军澳创新园：适合有泊位需要的海运工业或项目，如重工业、商用制造业。

元朗创新园：邻近深圳湾口岸和落马洲管制站，涵盖产业广泛，是营运跨境业务企业之首选。重点项目包括微电子中心。该中心拥有灵活设计的无尘车间和化学品特别处理设施，能支持新一代微电子产品的开发和试产。

香港科学园深圳分园：香港科学园深圳分园是连接中国香港、中国内地和全球的一站式创科平台，专注于服务科技企业发展国际市场。香港科学园深圳分园提供灵活、高效的配套设施，包含众创空间、会议场地、独立办公室、干/湿实验室等。

第二，培育及支援计划。

Ideation 计划：旨在启发新一代企业家。申请人需提交一项经过科研实证的独特创意，并配备商业计划。这项为期 1 年的计划将提供创业资金、导师指导、共享工作空间及其他创业支持。申请成功后，申请人可获得 10 万港元的资金支持。

创科培育计划：专门为初创公司提供产品发展和方案商业化的支持，包括世界级科研设施，以及拥有丰富行业经验的导师和指定培育经理的持续指导。计划接受从事一般业务（为期 3 年）及生物科技（为期 4 年）的初创公司申请（公司估值上限为 500 万美元，至少聘有两名全职员工，并且有一半员工从事科研工作）。申请成功后，初创公司可获得 130 万港元（一般初创）或 600 万港元（生物科技初创）的资金支持。

企业加速计划：这项为期 2 年的计划旨在协助进驻科学园的初创企业（公司估值介于 500 万至 5000 万美元，员工人数不超过 100 名，并且有一半员工从事科研工作）加快业务发展、提升盈利能力。计划针对特定市场，帮助初创公司满足行业需要。申请成功后，初创企业可获得 480 万港元的资金支持。

精英企业计划：这项为期 3 年的计划旨在协助获邀的全球初创企业（公司估值介于 5000 万至 1 亿美元，至少聘有 30 名员工，并且有一半员工从事科研工作）进驻科学园，并将其发展成熟的产品推向全球市场。申请成功后，初创企业可获得 2150 万港元的资金支持。

第三，香港科技园融资平台。

香港科技园融资平台汇聚全球企业家和投资者，旨在营造充满活力的投资生态圈，推动资金筹集，为突破性创新科技创造投资机遇。截至 2024 年，香港科技园创投基金的管理金额为 10 亿港元，支援超过 1700 家公司，开展超过 4500 次配对活动，集聚超过 1000 个投资者。香港科技园创投基金直接投资于种子轮至上市前阶段的初创企业。

（2）数码港

数码港为香港数码科技旗舰及创业培育基地。截至 2024 年，数码港汇聚了超过 2000 家社区企业。数码港的愿景是成为数码科技枢纽，为香港缔造崭新经济动力。数码港通过培育科技人才、鼓励年轻人创业、扶植初创企业，创造出蓬勃的科创生态圈，推动了新兴经济与传统经济的融合。

二、中国澳门地区科技创新资源研究

澳门特别行政区位于中国南部珠江口西侧，交通十分便捷。

在科技创新方面，澳门努力营造完善的科创生态，打造创新创业友善环境，用好内生科研力量发展高新技术产业，促进产学研合作及科研成果有效转化；构建"双循环"创新发展格局，借助澳门中葡平台主动融入国际创新网络，把握新兴科技发展趋势，进一步融入国家科创体系；有效落实"1+4"经济适度多元发展策略，做优做精做强综合旅游休闲业，加快发展中医药大健康产业、现代金融业、高新技术产业、会展商贸及文化体育产业等。

（一）澳门创新体系

1. 政府层面

2001 年，澳门科技委员会成立，对澳门科技事务进行统筹和协调。2004 年，澳门科学技术发展基金成立，配合澳门的科技政策目标，对相关的教育、研究及项目的发展提供资助。2023 年，澳门科技委员会重组工作完成。

2. 研究与学术层面

澳门持续支持高校优化学科布局，着力创新科研建设，加强国际和区域合作，推动高校开办多元课程，培养经济适度多元、可持续和高质量发展所需的产业人才，助力粤港澳大湾区成为高等教育创新高地。澳门高校积极开办与大健康、现代金融、高新技术、会展商贸和文化体育等相关的课程，学生人数由 2019 学年的约 34000 人上升至 2024 学年的约 55500 人。研究生规模稳步增加，比例由 2019 学年的 25.53% 上升至 2024 学年的 39.00%。澳门综合实力较强和知名度较高的学校有澳门大学和澳门科技大学，另外还有澳门理工大学、澳门城市大学、澳门镜湖护理学院、澳门保安部队高等学校等。上述高校是澳门科技研究的重要基地，承担基础研究和应用研究任务。

3. 产业层面

澳门设有南粤科技园等，提供完善的基础设施和支持服务。澳门根据《横琴粤澳深度合作区总体发展规划》推进横琴粤澳深度合作区建设，围绕深合区促进澳门经济适度多元发展的初心，从澳琴空间、产业、民生、城市建设等全方位一体化发展作出系统谋划、整体规划。这对推动澳门长期繁荣稳定和融入国家发展大局具有重大意义。

（二）澳门创新主体概况

1. 政府部门

（1）澳门科技委员会

澳门科技委员会的宗旨是协助政府制定科技发展及现代化方面的政策。委员会下设 3 个专责小组，即科技产业促进及科技应用推广专责小组、促进产学研合作专责小组、国际及区域合作专责小组。

（2）澳门经济及科技发展局

澳门经济及科技发展局的职责包括研究澳门特别行政区的经济政策，并提出和执行有利于经济适度多元化和促进工商业发展的措施；营造和完善公平的营商环境；推动电子商务的应用和发展；签发对外贸易活动准照，完善与对外贸易活动相关的制度并跟进相关工作，以及签发澳门特别行政区产地来源证明文件；筹备和协调澳门特别行政区参与经济合作组织及会议的工作，并确保履行已作承诺；落实澳门特别行政区政府科技发展政策，推动科技产业及科技创新行业的成长和发展；协调各公共部门及实体筹备并执行与科技创新及智慧化事宜相关的工作；营造有利于科技创新行业发展的环境；参与国家及区域重大科技项目的建设；促进企业开展与科技应用相关的研究或项目，推动研发成果的产业化和商品化；研究和落实知识产权的政策，执行相关工作；签发依法属于经济及科技发展局负责签发的工业或非工业牌照，并进行相关监督工作；监察对规范澳门特别行政区产品制造程序的法律规定及其他属于澳门经济及科技发展局职责范围内的法例的遵守情况；执行法例规定或上级指示的其他工作。

（3）澳门科学技术发展基金

2004 年，澳门特别行政区政府进一步采取组织措施，成立澳门科学技术发展基金，"旨在配合澳门特别行政区的科技政策的目标，对相关的教育、研究及项目的发展提供资助"。

2. 高校

（1）澳门大学

澳门大学是一所综合性公立大学，创立于 1981 年，具有多元文化共存、教育体系完善及办学模式国际化等特色和优势。澳门大学以英语授课为主，致力于培养具有创新思维、家国情怀、国际视野、全球竞争力和世界担当的人才。澳门大学设有人文学院、工商管理学院、教育学院、健康科学学院、法学院、科技学院、社会科学学院等，研究机构设有人文社科高等研究院、应用物理及材料工程研究院、中华医药研究院、协同创新研究院、微电子研究院、亚太经济与管理研究所等。澳门大学在 2025 年泰晤士高等教育世界大学排名中居第 180 位，在 2025 年QS 世界大学排名中居第 245 位，其工程学、材料科学、计算机科学、化学、药理学与毒理学、临床医学、精神病学、心理学、生物学与生物化学、社会科学总论、农业科学、经济学与商学、环境科学与生态学进入基本科学指标数据库前 1% 之列。

（2）澳门科技大学

澳门科技大学创立于 2000 年，致力于为社会培养各类高素质人才，推行教研并重政策。澳门科技大学设有创新工程学院、商学院、法学院、中医药学院、酒店与旅游管理学院、人文艺术学院、医学部、国际学院、博雅学院、通识教育部，涵盖文、理、工、法、管、商、医、药、旅游、艺术、传播、语言等学科门类。其中，博雅学院除提供全日制学位课程外，还开设夜间学位课程和短期培训课程，为有意继续进修的人士提供终身学习的机会。

（3）澳门理工大学

澳门理工大学是一所教学与科研并重的公立大学，为粤港澳高校联盟、语言大数据联盟、世界翻译教育联盟、大湾区葡语教育联盟成员，设有艺术及设计学院、应用科学学院、管理科学学院、人文与社会科学学院、健康科学及体育学院、语言及翻译学院等。澳门理工大学是澳门首个荣获"国家级教学成果奖"的高等院校，大部分专业都通过了国际性学术评审或专业认证。

（4）澳门城市大学

澳门城市大学是一所综合性私立大学，也是中国澳门四所开展"本、硕、博"全层次办学的综合性大学之一。澳门城市大学科研以应用为本，与迪士尼乐园、中国人寿、美团、格力集团等联合成立科研中心，积极进行人才交流；与牛津大学、清华大学、北京大学、爱丁堡大学、华东师范大学、中国人民大学、中国传媒大学等数所海内外高校进行学术合作及教学合作。2020—2022年，澳门城市大学旅游休闲管理学科连续三年进入"软科世界一流学科排名"全球前20%。2023年，澳门城市大学社会科学总论进入基本科学指标数据库全球前1%。澳门城市大学经济与金融学科跻身 SIR/SCIMAGO RANKINGS 亚洲百强、澳区首位。

3. 公立科研机构

（1）国家重点实验室

中药质量研究国家重点实验室是我国中医药领域成立的首个国家重点实验室，由澳门大学与澳门科技大学联合设立，于2011年正式挂牌成立。中药质量研究国家重点实验室特别注重集成与融合多学科的前沿技术开展中医药融合创新研究，聚焦中药材和中药复方质量控制与优化的创新技术，以及优质中药新药研发的关键技术和质量标准，重点开展四个领域的研究，即基于"三多"特征的中药质量控制创新技术及理论基础研究、人参等贵重中药材质量评价与开发利用研究、抗癌及抗炎免疫中药质量标准及其应用研究、脑神经退化和代谢性疾病创新中药的研发技术与质量标准研究。

月球与行星科学国家重点实验室由澳门科技大学于 2018 年设立，总体目标是建成具有国际影响力的行星科技研究中心，打造国际行星科学高水准学术交流合作中心；共建国家深空探测重大项目，提供科学支撑；培养行星科技高质量人才，建成一支具有国际竞争力的研究团队。其主要研究内容有：围绕月球、火星、近地小天体和气态巨行星，利用数值仿真、数据分析、高分辨率观测、实验研究等各种手段，开展行星内部结构和重力场、行星内部流体与磁流体动力学、行星表面撞击坑、行星地形地貌比较、行星表面物质特性统计、行星大气动力学、行星际空间等离子体、采样/陨石分析、极端环境下生命存在形式等研究。

模拟与混合信号超大规模集成电路国家重点实验室于 2010 年获批建立，为大学、研究机构或合作企业提供了先进的纳米集成电路设计的研发技术及行政管理支援。各研究组负责开展不同具前瞻性的研究项目，包括以下电子系统应用领域：数据转换和信号处理、无线通信、生物医学工程、电力电子控制器芯片。

智慧城市物联网国家重点实验室由澳门大学于 2018 年设立，希望引领新兴学科的发展，助力澳门智慧城市建设。该实验室是中国第一个智慧城市物联网领域的国家重点实验室。课题组旨在构建物联网应用的高效感知和传输系统。例如，通过对现有通信系统的架构进行深入分析和创新性研究，基于边缘计算、缓存和不同网络的独特功能等有前途的技术，专注于为海量物联网设备和应用提供低延迟和高可靠性的高质量服务；结合前沿通信技术，研究包括复杂网络的性能分析以及优化算法设计，提高无线网络的频谱效率，降低能耗。

（2）国际（澳门）学术研究院

国际（澳门）学术研究院是 2013 年经澳门特别行政区政府正式批准成立的非营利性学术研究机构，由澳门特别行政区政府主管，会员主要是一些全球范围内的音乐、体育、教育、心理学、文学、历史、社会、经济、管理、语言、信息、艺术、医学、数学、建筑、天文学等领域的专家及学术研究爱好者。研究院自成立以来，一直致力于加强国际学术交流，先后与国内外多所大学及知名机构建立友好合作关系。此外，研究院积极主办多个国际性与全国性学术及文化艺术比赛，资助出版多部学术专著和开展多项文体活动，助力国家教育事业发展，并在各领域为社会建言献策、贡献力量，以实际行动践行爱国爱澳。截至2024年，研究院下设14个研究单位、5个工作单位及6个附属机构，涉及研究、文化、教育、慈善、社会服务、出版、竞赛等；有2200余名会员（含下属单位会员）。

4. 产业园区与科技服务

（1）南粤科技园

南粤科技园占地约2.7万平方米，已建成7座9米高的标准产业用房，获准生产健康食品、药品、医疗器械和开展医学样本检测，是澳门产业发展基础最齐全、发展潜力最大的中医药大健康产业新型园区。

南粤科技园构建起集产品研发、申报注册、检验检测、生产制造、跨境贸易于一体的全产业链服务模式，并通过整合旗下城市综合运营服务和跨境金融服务资源，为入驻园区企业提供全方位保障和增值服务。园区运营成果显著，吸引了众多知名企业入驻，如澳门咖啡、辉成物流、天长生生物科技、南粤大健康制造厂、南粤中药厂及南粤检验检测中心。与此同时，园区注意引进高新研究成果加以转化、生产、销售，并与暨南大学、广东省生物医学工程学会等进行产学研深度合作。在粤澳两地政府的大力支持下，南粤集团计划投资约32亿澳门元将南粤科技园扩容升级为国际领先的大健康科创智造谷。

（2）横琴粤澳深度合作区

横琴粤澳深度合作区位于广东省珠海市香洲区横琴镇所在区域，毗邻澳门，总面积约106平方千米。2020年10月，习近平总书记强调"加快横琴粤澳深度合作区建设"。2021年9月，中共中央、国务院公布《横琴粤澳深度合作区建设总体方案》，明确横琴粤澳深度合作区实施范围为横琴岛"一线"和"二线"之间的海关监管区域。

合作区围绕澳门产业多元发展主攻方向，大力发展新技术、新产业、新业态、新模式，加快构建独具特色的琴澳产业融合发展新模式，持续赋能澳门"1+4"产业发展壮大。截至2024年6月，合作区"四新"产业实有企业达17061户，较2021年增长20.1%。2024年上半年，合作区"四新"产业增加值为117.8亿元，同比增长6.4%，占合作区地区生产总值的 47.1%；合作区以实体住所登记的商事主体为 22720 户，比例由合作区成立时的 13.8%提升至 38.8%，企业实质化运营显著提升。此外，拥有多个国家级、省级科技创新平台。

（3）澳门青年创业孵化中心

澳门青年创业孵化中心是澳门经济及科技发展局为配合澳门特别行政区政府的施政方针和政策目标设立的创新创业平台。截至 2024 年 6 月，中心在孵项目超过 90 个，已累计孵化项目 500 多个，服务澳门创业青年 2600 余名。

（4）澳门生产力暨科技转移中心

澳门生产力暨科技转移中心成立于 1996 年，是官方与民间合作推动社会科技进步的非营利组织。该中心致力于协助澳门工商企业有效地利用思维、理念、信息和资源来增加产品和服务的附加值。核心目的有二：一是提升企业的竞争力，增加企业的利润，推动企业的长远发展；二是鼓励支持新兴工业，联系本地及外地投资者组成策略联盟，加速工业多元化发展。对内，中心投放了大量资源致力于建设学习型组织，帮助员工实现多元化发展；对外，中心注重强化服务宣扬工作伦理、企业社会责任，以及培育新生代的环境保护意识。中心下设多个专业服务部门，服务内容包括专业进修课程、专业/公共考试、时尚创意及技术支援、管理认证和产品/服务质量提升、中小企业支援、科技中介、推广创意文化产业等。中心经常举办各类活动，如组织专题研讨会、工作坊、技能竞赛及考察交流团等。

第七章
构建"一带一路"国际
科技合作新格局

科技创新是人类社会发展的重要引擎，是应对全球性挑战的重要手段。科技创新不仅推动了新技术的形成和应用，而且促进了产业结构优化升级，提高了生产效率，创造了新的经济增长点。传统的全球生产网络正在被逐渐替代，科技创新正在重塑全球体系。一个国家的科技创新能力已经成为其核心竞争力，决定着其在国际舞台上的地位和影响力。因此，各国积极布局科技创新战略，以提升自身的科技创新能力。在全球创新网络中，各国之间的科技合作日益紧密。通过国际科技合作，各国可以共享科技创新资源，共同攻克技术难题，加快科技创新发展。全球创新网络也为各国提供了更多的机遇，方便各国更好地融入全球创新体系，提升自身的科技创新能力。

世界百年未有之大变局加速演变，国际科技合作的外部环境复杂多变，科技创新成为国际战略博弈的重要战场。中国作为全球科技创新的关键力量，积极倡导建立新型科技伙伴关系，强调合作共赢，以打破"逆全球化"的零和博弈，建立科技领域的新平衡。通过加强国际合作，各国可以共同应对全球性挑战，如气候变化、公共卫生、能源安全等。

在新一轮科技革命的风口浪尖，中国将继续深化国际科技合作，推动科技创新的全球共享，推动科技成果的转化和应用，为全球科技创新贡献力量。同时，通过加强基础研究、推动产学研合作、加强人才培养和引进等措施，中国将不断提升自身的科技创新能力，为全球科技创新提供更多动力。

在"一带一路"倡议框架下，中国与共建"一带一路"国家的国际科技合作发展空间巨大。

第一节　"一带一路"国际科技合作的前景

中国与共建"一带一路"国家科技合作的范围与程度越来越宽广。科技和经济相互补益，科技合作已经与经贸合作一样，成为国家间合作关系的重要支柱。科技知识跨国界流动、交融发展是大势所趋。国家间的科技合作虽然面临诸多问题和挑战，但也充满前景和希望。

一、国际科技合作前景广阔

2008 年国际金融危机以来，叠加各种"灰犀牛""黑天鹅"事件，世界经济、国际贸易、全球产业供应链遭受重创。世界各国特别是发展中国家谋求经济复苏发展、寻求增长新动能、走出发展低谷的愿望十分迫切，客观上为我国与共建"一带一路"国家在科技创新领域加强合作创造了更多机遇。同时，随着以人工智能、大数据等为代表的新一轮科技革命加速演进，全球资源要素加速重组，新产业、新业态不断涌现。各国纷纷瞄准新赛道，意图以科技"突围"助推跨越式发展。

在发达国家相继行动的同时，众多共建"一带一路"国家也开始聚焦科技创新，探索适合本国发展的道路。2024 年，中新两国签署《中华人民共和国政府与新加坡共和国政府关于共同推进"一带一路"建设的合作规划》，希望深化双方在科技、文化、智库等重点领域的互利合作。沙特提出的"2030 愿景"致力于经济多元化和可持续发展，与中国提出的"一带一路"倡议相互契合。中国是沙特实现"2030 愿景"的关键伙伴，中沙发展战略高度互补，未来前景广阔，双方的务实合作将为两国人民乃至世界的稳定繁荣带来益处。印尼、马来西亚等国也纷纷发布规划，投入大量资金建设数据中心、联合实验室等科研设施。

中国科技创新已经发展到一个新阶段，具备为科技创新国际合作提供有力支撑的硬核实力。作为共建"一带一路"首倡国，中国经济增速多年来保持良好势头，国家创新能力也取得了显著进步。中国科学技术发展战略研究院发布的《国家创新指数报告 2022—2023》显示，中国创新指数综合排名上升至世界第 10 位。2023 年，我国研究与试验发展经费投入总量达到 33357.1 亿元。自"一带一路"倡议提出以来，中国与共建"一带一路"国家开展了多层次、宽领域的国际科技合作，形成了一批旗舰合作成果。中国"一带一路"国际科技交流合作将在促进科技创新、提升科技实力、推动经济发展、加强人文交流、应对全球性挑战等方面，惠及世界各国人民，推动全球科技创新体系完善。

二、全球科技研发加速和成果转化周期缩短

"一带一路"国际科技合作有助于缩短全球科技研发和成果转化的周期，是突破世界科技尖端前沿领域的助推器和催化剂。世界科技的发展日新月异，国家间的交流与合作显得尤为重要。在经济全球化背景下，开源环境已经成为推动新兴技术发展的重要力量，不仅促进了技术的快速进步，而且推动了全球科技产业的繁荣和创新生态的构建。在开源环境下，人工智能、云计算、大数据等新兴技术得到了迅猛发展。

世界科技的发展离不开人类共同的努力与合作。在国际论文发表领域，2009—2018 年，中国国际发文、国际合作发文、与共建"一带一路"国家合作发文总量均呈不断上升的趋势，其中与共建"一带一路"国家合作发文增快，说明"一带一路"国际科技合作结出了硕果，正以蓬勃发展的态势成为我国国际科技合作的重要组成部分。2009—2018 年，中国国际合作论文从 3.10 万篇增长到 11.41 万篇，其中与共建"一带一路"国家的合作论文在整个国际合作论文中的占比从 13.58%上升到 19.57%。[40]伴随着"一带一路"科技创新合作的东风，我国深入推进科技人文交流、共建联合实验室、科技园区合作、技术转移等方面的合作。已有相当多的科研机构和企业"走出去"，"一带一路"沿线科技创新合作成果遍地开花。

三、全球性复杂问题解决能力提升

为了解决全球发展问题，应对时代挑战，各国迫切需要在科技领域开展广泛深入的合作。"一带一路"国际科技合作在应对全球性挑战方面取得了显著成效。例如，在粮食安全领域，中国农业科学院专家赴科特迪瓦、保加利亚等国开展杂交水稻技术培训与交流，促进杂交水稻技术在共建"一带一路"国家广泛应用。在生态环保领域，在哈萨克斯坦的奇姆肯特炼厂现代化改造项目中，通过"一带一路"国际科技合作，炼厂排放的污染物减少了约90%，原油加工能力也大幅提高。这不仅使奇姆肯特炼厂成为绿色环保炼厂，而且结束了哈萨克斯坦不能生产高标号燃油的历史。类似的案例表明，"一带一路"国际科技合作在应对气候变化、能源安全、粮食安全等全球性挑战方面能发挥关键作用。

各国能通过科技合作为全人类提供气候变化、生态修复、可再生能源等全球共性问题的解决方案。相关合作成果无疑将对世界产生深远影响，提高全球面对重大困境时的韧性。

四、全球创新资源利用水平提高

随着生产和研发的全球化发展及跨国学术研究网络的密织，科技的发展愈加凸显其全球合作的特色。由"一带一路"倡议引领的科技创新合作在促进各国创新要素流动聚集、科技创新深度融合方面发挥了重要作用，对优化各国全球创新资源配置、促进人类社会共同发展起到了加强作用。很多超大型科研项目，如国际热核聚变实验堆计划、人类基因组计划等都体现了跨国研发和生产整合。国家科技创新能力很大程度上是全球创新资源整合能力的体现。国家间人才、技术、大科学装置等科技资源的交流、互动与共享，有利于集中资源和力量，激发创新活力，提高科技创新效率，促进世界科技领域不断实现突破，为世界人民带来更多福祉。

第二节 "一带一路"国际科技合作的原则

和平合作、开放包容、互学互鉴、互利共赢的丝路精神，是共建"一带一路"最重要的力量源泉。"一带一路"倡议在驱动我国高水平对外开放的同时，也积极推动了人类命运共同体建设。我国提出的《国际科技合作倡议》坚持"科学无国界、惠及全人类"，倡导各国携手构建全球科技共同体，包括坚持崇尚科学、创新发展、开放合作、平等包容、团结协作、普惠共赢六方面内容。

一、崇尚科学

以科学的态度对待科学，以真理的精神追求真理。坚持科研诚信，尊重科研伦理，塑造科技向善理念，完善全球科技治理。加强知识产权保护，加强对新兴技术发展的包容与审慎管理。

二、创新发展

加强全球科技创新协作，共建全球创新网络，促进新兴技术推广应用，加强企业间创新和技术合作，为世界经济复苏和发展注入新动能。各国携手推动数字时代互联互通，加快全球绿色低碳转型，实现全人类可持续发展。

三、开放合作

秉承无国界、无障碍的开放科学精神，坚持科技创新人员和资源等在全球范围内自由流动，加强人才交流合作，构建开放自由的国际科技合作生态。坚决反对限制或阻碍科技合作、损害国际社会共同利益。

四、平等包容

秉承互相尊重、公正平等、非歧视的合作理念，倡导各个国家和科学研究实体平等参与国际科技合作。坚决反对将科技合作政治化、工具化、武器化，反对以国家安全为借口实施科技霸权霸凌。

五、团结协作

面对气候变化、卫生健康、环境保护、能源安全、粮食安全等人类社会迫切需要解决的全球性问题挑战，各国要同舟共济，加强科技创新主体深度协作、互学互鉴，推进实施国际大科学计划和大科学工程。

六、普惠共赢

坚持真正的多边主义，探索互利共赢的全球科技创新合作新模式，促进科技创新成果互惠互享。就中国而言，我们需要面向全球设立科学研究基金，加大对发展中国家科技援助，让科技进步惠及全人类。

第三节 未来"一带一路"国际
科技合作的新模式与新领域

一、未来"一带一路"国际科技合作的新模式

共建"一带一路"国家经济、科技发展水平参差不齐。新加坡、俄罗斯、沙特阿拉伯等国是中国重要的科研合作伙伴；格鲁吉亚、巴基

斯坦、阿塞拜疆等国虽然科研体量总体较小，但与中国的合作关系非常密切；大多数共建"一带一路"国家受到自身科研发展水平的制约，与中国的科研合作还非常有限。在某些领域，我国科研实力较为雄厚；在某些领域，其他共建"一带一路"国家有特长优势；也有一些领域是各方都不擅长的领域。因此，要有的放矢、分类施策，针对不同类型国家开展不同领域科技合作，共同开创科技合作新局面，开启科技合作新模式。

（一）抓住特定领域或学科具有领先创新能力的"关键国家"

"关键国家"可能经济体量不大，但拥有全球领先的科技创新水平和能力，在打破国际技术和产业竞争格局中具有战略意义。将"关键国家"的技术与中国广阔的应用市场相结合，取长补短，能提升放大合作层次和成效，有效突破技术封锁。例如，新加坡在生命科学与医学、化学工程、新材料、人工智能、精密加工等领域走在世界前列，具备科技优势。

（二）分析国际科技合作基本供需面，开展精准合作

深入了解共建"一带一路"国家的科技需求和发展战略，确保合作项目能够满足当地的发展需求，实现互利共赢，提升共建国家科技"造血"能力，稳定长期合作态势。根据共建"一带一路"国家的科技优势和中国的科技实力，选择具有互补性的合作领域，如新能源、信息技术、生物技术等。通过建立项目对接机制，促进双方科研机构、高校和企业之间的项目合作，推动科技成果的转化和应用。通过联合培养、学术交流等方式，提升共建"一带一路"国家科技人员的创新能力和水平，为科技合作提供人才支持。将中国成熟的技术、科技规则等输出到共建"一带一路"国家，结合共建"一带一路"国家实际情况进行新技术的推广。

（三）拓展与发达国家合作的第三方国际科技合作渠道

充分利用共建"一带一路"国家的地理位置、资源优势和现有合作基础，将其作为拓展与发达国家科技合作的桥梁和平台。全球科技中心仍集中在发达国家，开展国际科技创新合作无法绕开发达国家。要畅通学术交流、学术访问渠道，在共建"一带一路"国家设立区域科技合作中心，使其成为科技信息交流、项目对接和人才培养的平台。与发

展中国家、发达国家共同发起和实施联合研发项目，聚焦共同关心的问题，如气候变化、能源效率、公共卫生等，将发达国家的先进技术妥善引入发展中国家。开拓第三方市场合作渠道，与发达国家积极谋划多边科技合作平台机制。

二、未来"一带一路"国际科技合作的新领域

为了适应全球科技发展趋势和共建"一带一路"国家的实际需求，未来"一带一路"国际科技交流的范围和领域将更加广泛，涵盖多个关键领域。"一带一路"国际科技交流将更加注重创新驱动、绿色发展、开放共享和可持续发展。通过在众多领域的深入合作，共建"一带一路"国家可以共同应对全球性挑战，引领科技创新和经济社会发展的新潮流。

（一）基础自然科学研究领域

从国际合作来看，相对于技术合作，科学研究合作是更为广泛且更具可操作性的，尤其是在基础数学、理论物理、化学、天文学、地球科学、生命科学、空间科学等领域。"一带一路"基础自然科学领域的国际科技合作旨在促进科技创新，提升共建国家的科研能力，解决全球性科学问题，推动全球经济社会可持续发展。

（二）科技人文领域

"一带一路"国际科技人文合作是跨学科、跨文化的合作，涉及科技、文化、教育、艺术等多个方面。"一带一路"国际科技人文合作可以促进不同文化背景下的科技创新和文化交流，为构建人类命运共同体贡献力量。进行"一带一路"国际科技人文合作，具体措施如下。加强科技人文交流，包括举办科技展览会、文化节、学术研讨会等，促进不同文化之间的相互理解和尊重。推动教育合作项目，如联合办学、学生交流、教师互访等，提升教育质量和拓展教育视野。实施人才交流计划，包括短期访问、长期研究、联合培养等，促进人才的国际流动和交流。鼓励学术出版合作，共同出版学术期刊、书籍，促进学术成果的传播和交流。建立科技创新平台，如联合实验室、研究中心等，为科技人文合作提供物理空间和基础设施。

（三）全球公益研究领域

"一带一路"国际科技合作在全球公益研究领域的开展，旨在通过跨国界的合作，共同应对全球性挑战，如气候变化、公共卫生、环境保护、灾害管理等。气候变化方面，可跨国开展气候变化影响评估、适应和减缓策略研究，共同监测气候变化数据，共享研究成果，推动低碳技术和绿色能源的发展。公共卫生方面，可加强传染病防控、慢性病管理、疫苗研发等领域的合作，共同应对全球性公共卫生事件。环境保护方面，可合作开展生物多样性保护、水资源管理、大气污染控制等研究，推动绿色技术和可持续发展模式的研发与应用。灾害管理方面，可共同研究地震、洪水、台风等自然灾害的预警和应对策略，建立跨国灾害响应机制，提高灾害应对能力。

（四）新质生产力培育领域

"一带一路"国际科技合作在新质生产力领域的开展，旨在通过科技创新推动经济结构的转型升级，培育新的经济增长点。各国应加强政策沟通和协调，确保各国在新质生产力领域的合作政策相互兼容，建立国际合作机制，如联合研发中心、技术转移平台等，推动共建国家的产业结构优化升级，提升科技创新能力，促进经济高质量发展。例如，在智能制造领域，推动工业自动化、机器人技术、工业互联网、人工智能等在制造业中的应用，提升生产效率和产品质量。在新能源技术领域，加强风能、太阳能、生物质能等可再生能源技术的研发和利用，推动能源结构的优化和绿色低碳发展，合作建设新能源项目，如太阳能发电站、风力发电场等。在新材料研发领域，合作研发高性能、环保型新材料，如纳米材料、复合材料、先进合金等，推动材料科学的发展，共同建设新材料研发和应用平台，促进新材料的产业化。在生物技术与健康产业，加强生物技术在医药、农业、环保等领域的应用，推动生物技术的产业化，合作开展生物医药、生物农业、生物环保等领域的研发项目。在信息技术与数字经济发展，推动信息技术在各个领域的应用，如云计算、大数据、物联网、区块链等，促进数字经济的发展，共同建设数字基础设施。

第四节 开创"一带一路"国际科技合作新局面的策略

在粮食安全、人类健康、气候变化等全球性问题面前,世界各国是不可分割的命运共同体,需要进行长期不懈的联合攻关和广泛深入的科学探讨。一方面,国际科技合作可以提升各国自主可控技术的发展水平;另一方面,自主可控技术的发展可以为国际科技合作提供更多机会和动力。国际科技合作是在更高起点上推进自主创新的重要方式,是推进国家现代化发展、提高科技竞争力、转变经济发展方式、改善国际关系的重要手段和现实支撑,也是解决跨国、跨区域和涉及全人类共同利益科学难题的关键途径。

在"一带一路"倡议的推动下,国际科技合作迎来了新的发展机遇。中国与共建"一带一路"国家在维护世界和平稳定、促进全球繁荣发展方面肩负着重要的责任。加强与共建"一带一路"国家的科技合作,既是历史发展的必然之路,也是顺应世界百年未有之大变局的必然选择,更是深入推进构建人类命运共同体的必然遵循。

一、建立多层次沟通机制

建立多层次沟通机制是推动"一带一路"国际科技合作的重要基础。这包括政府间的高层对话、部门间的合作机制,以及民间科技交流平台。不断健全多层次沟通机制和风险管理机制,有助于提升中国与共建"一带一路"国家技术共享和资源整合的效率。

(一)巩固政府高层互信的科技合作机制

政府机构在国际科技合作中扮演着重要角色。具体来说,政府机构在"一带一路"国际科技合作中的作用包括:提供资金支持,通过设立专项资金支持科技合作项目,尤其是那些具有战略意义和示范效应的项目;促进技术转移,推动国内先进技术向共建"一带一路"国家转移,同时引进国外先进技术,促进技术双向流动;加强知识产权保护,建立知识产权保护机制,确保合作双方的知识产权得到有效保护;推动标准制定,提升中国在国际标准制定中的话语权;共同应对全球性问题挑战,如气候变化、公共卫生等,提升全球科技治理能力。

从顶层设计看,《推动共建丝绸之路经济带和21世纪海上丝绸之路的愿景与行动》《推进"一带一路"建设科技创新合作专项规划》《高校科技创新服务"一带一路"倡议行动计划》等文件加强了对科技交流合作的指导支持。从具体机制看,截至2022年,中国已经和160多个国家和地区建立了科技合作关系,签订了116个政府间科技合作协定,参加国际组织和多边机制超过200个。[42]截至2023年,科技部国家重点研发计划"政府间国际科技创新合作/港澳台科技创新合作"等支持联合研究项目1118项,累计投入中央财政经费29.9亿元。

中国主动设置全球性科技创新议题,引领共建"一带一路"国家乃至全球科研方向,如"科技抗疫国际合作行动""碳中和国际科技创新合作计划"等。未来,各方应继续加强政治互信,密切高层往来,积极探索并扩大科技创新合作的有效途径,在推动科技创新领域进行建设性互动,有效协调科技创新合作中的摩擦与冲突。

(二)广泛开展科技外交

国际科技合作是国家总体外交的组成部分,同时也是经济建设、社会发展、科技进步的重要支撑。可以通过非政府组织、学术机构、民间团体等非官方渠道,推动共建"一带一路"国家在科技领域的交流与合作。这种形式强调民间参与和互动,旨在促进科技知识的传播、技术的转移和人才的交流,推动科技创新和经济社会发展,可以有效弥补政府主导的科技合作机制的不足之处。

未来,应提高科技界在外交中的参与深度。第一,尝试设立外长科技顾问制度。顾问团应由具有国际视野和丰富科技管理经验的专家组成,负责为"一带一路"国际科技合作提供战略咨询,包括政策建议、项目评估、风险分析等。严谨科学的调查是准确把握全球气候变化、粮食安全、网络安全等问题的基础,科技顾问将协助外长及时了解国内外科技发展最新动向。第二,构建国际科技合作咨询体系。应构建政府、科技界、产业界共同参与的科技咨询体系,积极推动对共同关注的科技发展问题开展研讨,让科技智囊在政府决策过程中更好地发挥专业性和建设性作用,提升决策战略价值,甄别误判,抓住战略合作机会。第三,重视国际组织与非政府组织在开展科技外交中的作用。近年来,国际组织与非政府组织在国际科技合作中发挥着不可替代的作用。例如,作为共建"一带一路"国家之间的桥梁和纽带，促进科技信息的交流、技术的转移和人才的流动；助力科技合作政策的提出，推动各国政府制定和实施有利于科技合作的法律法规，协调解决合作中的政策障碍；动员社会力量参与科技合作，包括企业、科研机构、高校、民间团体等，形成科技合作的合力；促进共建"一带一路"国家与国际社会在科技领域的合作与协调，推动全球科技治理体系的完善。我们要用好"一带一路"国际科学组织联盟、"一带一路"国际科技组织合作平台建设项目等资源，丰富"一带一路"科技交流合作机制；要与国际组织密切合作，如与联合国教科文组织等组织联合设立奖学金、举办国际人工智能与教育大会等，支持外籍科学家与中国共同开展科技计划，围绕重大问题共同开展研究，提升应对全球性挑战的能力。

（三）搭建非政府国际科技沟通与交流平台

充分利用各种国际交流平台，拓展全方位对话通道，加强信息沟通和分享。重视非政府国际科技组织、企业、社会团体间的科技人文交流，发挥好行业联盟、社团等的纽带作用，搭建多元化的国际科技合作渠道，促进创新主体多方位、多姿态融入全球创新网络。积极参与并牵头国际大科学计划和国际大科学工程，围绕世界科技前沿和驱动经济社会发展的关键领域及面向全球共同挑战议题，形成具有全球影响力的大科学计划和工程布局，开展高水平科学研究，推动科技成果在世界范围内的共享，增强凝聚国际共识和合作创新能力。拓宽科学家参与全球科技治理的渠道，搭建丰富多元的科技智库、科技产业对话交流平台，聚焦各类新兴产业、新生业态、新型商业模式开设科技论坛，邀请国际智库权威专家参会，了解他们对共建"一带一路"的看法，积极地向世界传播中国的实践经验，促进思想碰撞和共识形成。加速推进由我国主导的国际科技组织建设，支持我国科学家在重要国际学术组织中担任职务，支持我国科学家加入国际组织、参加国际会议、担任国际科技期刊编委等。创造有利于企业科技创新合作的政策环境，促进各国领军企业发挥核心作用，共同建设一流创新技术研发平台。提升民间投资机构在国际科技合作中的参与度，为开展海外高科技投资并购提供金融支持。

二、深化技术合作共享包容机制

深化"一带一路"技术合作共享包容机制，旨在通过科技创新合作推动共建"一带一路"国家在公益领域的共同发展，实现技术共享和成果转化。科技创新是解决全球性问题的关键变量，从解决个体健康难题到改善人类生存环境，都离不开跨国界、跨地域的通力合作。各国应以开放的心态支持技术合作共享，有效地推动公益技术的发展和应用，促进全球科技创新和经济社会发展。

（一）落实联合国 2030 年可持续发展议程

开展"一带一路"国际科技合作是落实联合国 2030 年可持续发展议程的重要途径。联合国 2030 年可持续发展议程旨在通过 17 个可持续发展目标来应对全球性挑战，包括消除贫困，促进健康、教育、性别平等，建设可持续城市和社区等。共建"一带一路"在理念、举措、目标等方面与联合国 2030 年可持续发展议程高度契合，是中国扩大开放的重大举措。

"一带一路"开创的伙伴关系和多边合作有力推动着各国实现变革性的经济社会发展，有力促进着各国消除贫困、经济发展和互联互通。各国政府应进一步凝聚发展共识、推动团结合作，共同创造一个更具韧性、包容性和可持续性的世界。例如，通过科技合作，推动农业现代化、提高农业生产效率，帮助农民增加收入，减少贫困；研发和推广医疗技术，提高医疗服务的可及性和质量，改善公共卫生状况；提升教育质量，推动远程教育和在线学习，提高教育资源的公平分配；提供更多的科技教育和职业培训机会，促进性别平等和女性赋权；推动智慧城市建设，利用科技改善城市管理和居民生活质量；研发和推广清洁能源技术，减少温室气体排放，应对气候变化；推动生物多样性保护，利用科技手段监测和管理自然资源；改善供水和卫生设施，确保人人享有清洁饮水和卫生设施；推动工业升级和创新发展，建设可持续的基础设施，促进经济增长；减少国家内部和国家之间的不平等，增强包容性；推动可持续消费和生产模式，减少资源浪费和环境污染；保护海洋生态系统，促进海洋资源的可持续利用。

（二）加强基础研究、公益研究领域的科学合作

基础研究是科技创新的源泉，为新技术、新产品和新产业的创生提供了理论基础和科学依据，是国家科技实力和创新能力的重要体现，对于提升国家在国际科技竞争中的地位和影响力至关重要。作为国际合作的重要领域，基础研究也是推动国际科技合作的有效切入点。

"一带一路"国际科技合作应加强基础研究和公益研究领域的合作。例如，建立联合研究实验室或研究中心，共同开展基础科学研究，推动科学前沿的探索；支持科学家之间的学术交流和合作研究，促进科学知识的共享和传播；设立基础研究基金，支持基础科学研究项目，鼓励创新和突破；鼓励公益研究合作，共同开展公益研究项目，如气候变化、公共卫生、环境保护等，推动解决全球性挑战；建立公益研究合作平台，促进公益研究成果的转化和应用，加强公益研究人才培养，提升公益研究人员的专业素质和创新能力；建立科技人才培养合作机制，共同培养具有国际视野和跨文化沟通能力的科技人才；加强科技资源共享，促进科研设备和资源的共享，如大科学装置、大型科学仪器、数据库等资源的共享，提高科研效率。

（三）共建高能级包容性技术转移服务平台

科技成果转化是一项系统性工程。技术转移离不开创新资源的融合与对接，是科技成果转化的关键环节。国际领先的技术转移中介机构的核心内涵可归纳为"以技术资源网络为依托，以专业能力和资本为基础，面向技术创新和转移全过程的国际化技术转移促进服务"。各类"一带一路"国际科技合作技术转移服务平台应本着"平等自愿、开放共享、互利互惠"的原则，面向共建"一带一路"国家创新合作需求，汇聚中外优质创新资源，构建科技创新与技术转移协作网络，推动人才、技术、资金及产能跨国跨地区流动与融合，共同促进"一带一路"国际科技与产业合作。

三、共建开放多元科技创新治理体系

科学研究范式发生深刻变革，以及全球可持续发展面临前所未有的挑战，对建立开放多元的科技创新治理体系提出了新的需求。要以更高质量、更高水平的国际科技合作促进创新要素自由流动和有机配置，以

更加开放的态度深度参与全球科技治理，建立与共建"一带一路"国家创新生态的开放链接，推动构建人类命运共同体。

（一）以多边机制推动科技创新领域管理规则的建立

历史证明，单边主义、保护主义不是正确的"药方"，无益于解决经济全球化带来的挑战。各国应支持科技治理多边主义，拓宽协同治理渠道，携手打造更有韧性的和可持续发展的世界；保持战略定力，持续提升国家创新体系整体效能，加快对外科技合作交流，深化拓展平等、开放、合作的全球伙伴关系，为全球发展贡献更多公共产品。

（二）推动创新要素加速流动和精准匹配

制定"一带一路"科技创新合作框架，明确合作目标、领域、机制和路径，为创新要素流动提供指导。以"一带一路"国际合作发展委员会等机构为核心，加强政策沟通和协调，确保各国在科技创新领域的政策相互兼容，促进创新要素的自由流动。开发符合国家评审与管理要求的业务信息管理系统，促进科技信息的交流，提高科技创新的透明度和效率，促进创新要素的流动和匹配。依托重大科技基础设施、联合实验室、研究中心、科技园区等平台，吸引优秀人才，推动形成更大范围、更宽领域、更深层次的科技开放合作格局。鼓励公众参与科技创新，增进公众对科技创新的认识和支持，营造有利于科技创新的社会氛围。

（三）深化科技创新法律法规、制度体系交流合作

以法律规范引领、促进和保障科技创新，是新时代推动科技进步和创新发展的一个鲜明特色。共同应对全球重大问题和新兴领域的科技创新立法，涉及面宽，利益相关者多。各国政府需要在政策法规方面通力合作，创建稳定开放的全球经济环境。例如，秉持共商共建共享，不断深化国际司法交流与合作，商讨科技创新领域的法律法规制度体系，开创科技创新司法交流合作新局面。特别加强在数字经济、大数据、生命健康等新兴技术领域开展国际法研究交流，以保障新业态、新模式的健康发展。建立国际法合作机制，共同研究和制定新兴技术领域的国际法规则和标准，推动国际法的协调和统一。通过国际会议、研讨会、工作坊等形式，促进共建"一带一路"国家在新兴技术领域国际法方面的交流和分享。建立国际法争议解决机制，为新兴技术领域合作中的法律

争议提供解决途径，维护合作各方的合法权益。加强政策协调，确保新兴技术领域的国际税收、财政、金融、投资等政策法律相互兼容，为新兴技术领域的合作提供政策保障。

四、推进科技创新与产业发展深度融合

中国坚持把科技创新摆在国家发展全局的核心位置，不断加大高水平对外开放力度，努力推进中国式现代化，打造具有全球竞争力的开放创新生态，为构建人类命运共同体提供科技支撑、贡献中国智慧。可以说，形成开放创新生态是新形势下释放国际科技交流合作潜力、推动建立以合作共赢为核心的新型国际关系的重要支撑，也是我国积极参与全球治理、融入全球创新网络、支撑国家外交战略实施的有效途径。

各国应在开放包容、优势互补的合作理念的指引下，在多元主体协同联动、各类平台托举支撑的合作模式的推动下，进一步赋予"一带一路"国际科技合作新的内涵，推进科技创新与产业发展深度融合。

（一）丰富国际科技合作的内容和形式

加强顶层设计，提高"一带一路"科技合作布局的系统性和协同性，面向世界科技前沿，大胆探索，勇于突破，努力开拓新模式，塑造新业态。坚持原始创新、集成创新、开放创新一体设计，加快对外科技合作交流，在共建"一带一路"国家打造一批高水平、具有示范意义的科技合作产品。在联合国可持续发展目标、《巴黎协定》等全球战略框架下，遴选解决全球共性科学问题，协同设计、研究、推广，以开放姿态发起中国领衔的科技合作计划，开展多层次、多主体国际科技合作。

加强科技创新平台载体建设，把科技园区合作打造为共商共建共享合作机制的最佳实践。在现有境外经贸合作区基础上，多措并举推进"一带一路"科技园建设。一方面，积极推动园区出海，引导国内外高新技术产业园参与"一带一路"科技园区合作；另一方面，积极推动现有境外经贸合作区转型升级为科技园。通过科技园区合作推动产业链、创新链向海外延伸，打造"一带一路"科技合作优秀实践项目。

继续深耕绿色、数字、健康等新领域，共同培育发展新质生产力。在绿色领域，加强低碳、节能、节水和环保等绿色技术领域基础研究和

前沿技术布局，助力全球绿色低碳发展。在数字领域，加强数字经济、人工智能、量子科技、5G通信、先进制造和生物技术等前沿科技的合作，推动数字化创新突破与深度合作；建立相关科技术语和标准体系，建设数字知识产权服务平台，探索建立共建国家合作创新治理新机制。在健康领域，推动医药医疗技术创新研发合作，促进中国创新药产品开拓全球性市场，共同研发重大传染病监测预警和联防联控技术平台，共同开展重大传染病疫苗与药物研发。

（二）建设可持续发展的全球科技人才发展机制

科技人才是国际科技创新合作的关键支撑。为了促进人才的引进、培养和流动，必须建立符合国际惯例的人才发展机制，形成政府、市场、用人单位、社会、法治和制度协同的新格局。例如，推动国家在人才、项目、产业等方面的国际科技合作，实现创新链与人才链的深度融合，营造有利于人才发展的环境。拓宽科学家参与全球科技治理的途径，支持他们在国际组织中担任领导职务等。提升全球科技治理的专业化水平，加强国际规则研究和人才培养。推广国际通用的人才评价标准，建立统一评价体系，促进职业资格和学历学位的国际互认。加强人才培养合作，推动资源和知识共享，构建开放的科技人才培养环境。强化政府与民间的交流合作，推行国际科技合作倡议，组织国际大科学计划和工程，执行国际杰青计划，促进科技人文交流。在共建国家建立国际人才驿站和一站式服务窗口，建立"一带一路"国际科技人才数据库，推动数据共享。

（三）打造具有全球竞争力的开放创新生态

为了提升共建"一带一路"国家科技产业的全球竞争力，必须构建一个开放、创新、协同的科技产业生态。例如，通过政策的引导和机制的构建，营造开放、平等、公正且无歧视的环境，为科技、产业领域的合作打造优良的氛围。促进"一带一路"国际科技合作的常态化，构建促进知识交流与相互学习的高级对话平台，加强共建国家的科技基础设施建设，通过投资与合作，提升关键技术研发与应用能力。推动科技园区和创新中心的建设，为科技人才提供良好的工作和生活环境，吸引全球优秀人才和团队。鼓励企业、高校和研究机构之间的合作，形成产学研一体化的创新体系，加速科技成果转化。构建以问题为中心的

“一带一路”科技创新合作双边与多边沟通体系，通过建立跨国科技合作平台促进技术交流和信息共享，降低创新成本，提高创新效率。加强与共建“一带一路”国家的政策沟通和协调，形成有利于科技产业发展的政策环境。这些措施可以有效推动共建“一带一路”国家科技产业的开放创新，构建具有全球竞争力的科技产业生态，在充分参与和形成共识的前提下推动规则的制定，强化知识产权的保护，抵制知识封闭和人为扩大科技差距。[43]

附　录
"一带一路"国际科技
合作相关政策文件

坚定不移推进共建"一带一路"高质量发展走深走实的愿景与行动——共建"一带一路"未来十年发展展望

（2023 年 11 月）

前言

乘历史大势而上，走人间正道致远。2013 年，中国国家主席习近平审时度势，提出共建"一带一路"宏伟倡议，成为人类发展史上具有里程碑意义的事件。十年来，在国内外各方携手努力下，共建"一带一路"落地生根、蓬勃发展，已成为开放包容、互利互惠、合作共赢、深受欢迎的国际公共产品和国际合作平台，为全球共同发展搭平台、做增量、添动力。

众人划桨开大船。面对复杂多变的国际环境，高质量共建"一带一路"，需要各方参与并付出持之以恒的努力，需要用创新思维不断提供发展动力，需要用扎实行动不断引领向前，需要全世界联合起来共同推动。

十年扬帆再起航。站在新的起点上，为深入贯彻落实习近平主席在第三届"一带一路"国际合作高峰论坛上的主旨演讲精神，以习近平主席宣布的中国支持高质量共建"一带一路"的八项行动为指引，全面落实第三届"一带一路"国际合作高峰论坛各方达成的重要合作共识和重大合作成果，坚定不移推进共建"一带一路"高质量发展走深走实，推进"一带一路"建设工作领导小组办公室特制定并发布《坚定不移推进共建"一带一路"高质量发展走深走实的愿景与行动——共建"一带一路"未来十年发展展望》，研究提出未来十年高质量共建"一带一路"的愿景思路和务实行动举措，凝聚合力携手建设开放包容、互联互通、共同发展的世界，共同谱写构建人类命运共同体的时代华章。

一、十年来共建"一带一路"的成就与启示

十年来，共建"一带一路"以互联互通为主线，不断深化政策沟

通、设施联通、贸易畅通、资金融通、民心相通，不断拓展合作领域，为世界经济增长挖掘新动力，为全球发展事业开辟新空间，为国际经济合作打造新平台，为构建人类命运共同体贡献了中国智慧、中国方案、中国力量，成了造福世界的"发展带"和惠及各国人民的"幸福路"。

十年来，我们共同深化战略对接和政策协调，全球超过四分之三的国家和重要国际组织加入共建"一带一路"朋友圈，国际共识不断增强；我们共同推进陆、海、天、网"四位一体"互联互通，成功建设了一批标志性项目，为全球互联互通、共同发展注入了新活力；我们共同发展互利共赢的经贸伙伴关系，与共建国家贸易投资规模不断扩大、结构持续优化，给应对"逆全球化"开出了一剂良方；我们共同开展多种形式的金融合作，合作空间向纵深拓展，投融资模式多元化发展；我们共同拓展多层次、多领域人文交流合作，推动文明互学互鉴和文化融合创新，在教育、文化、体育、旅游、考古等领域打造了一批"小而美"民生工程，铺就了通民心、达民意、惠民生的阳光大道。

十年来，共建"一带一路"站在了历史正确一边，符合时代进步的逻辑，走的是人间正道，形成和积累了一些宝贵经验。实践充分证明，高质量共建"一带一路"必须做到始终坚持共商共建共享原则，只有合作共赢才能办成事、办好事、办大事，传承弘扬和平合作、开放包容、互学互鉴、互利共赢的丝路精神，倡导合作共赢理念与正确义利观，坚持各国都是平等的参与者、贡献者、受益者；始终坚持开放、绿色、廉洁理念，坚守开放的本色、绿色的底色、廉洁的亮色，推动共建"一带一路"阳光大道越来越宽广；始终坚持统筹"硬联通""软联通""心联通"，破除各种壁垒，畅通内外循环，共同实现共赢发展；始终坚持以构建人类命运共同体为最高目标，积极推动构建双边、区域和相关领域命运共同体，有力促进世界和平安宁和共同发展。

二、未来十年共建"一带一路"总体构想

（一）发展思路

共建"一带一路"承载着各国人民对共同发展的追求、对美好生活的向往、对文明交流互鉴的渴望。未来十年，中国倡议各方，进一步高举人类命运共同体旗帜，传承和弘扬丝路精神，秉持以人民为中心的发展思想，坚持目标导向、行动导向，以中国支持高质量共建"一带一路"的八项行动为指引，积极构建"一带一路"立体互联互通网络、支持开放型世界经济、开展务实合作项目、促进绿色发展、推动科技创新、支持民间交往、建设廉洁之路、完善共建"一带一路"国际合作机制，着力提升各国发展水平和民生福祉，共同推进共建"一带一路"高质量发展不断取得新的更大成效，共创更加和平、发展、合作、共赢的美好未来。

中国倡议各方在推进共建"一带一路"合作中，注重做好"五个统筹"。一是统筹继承和创新。巩固合作基础，注重调整盘活存量，维护好共建"一带一路"朋友圈，夯实高质量发展根基。着力提升创新发展能力，做优做强增量，开拓共同发展新空间，打造更多特色品牌。二是统筹政府和市场。坚持"企业主体、市场运作、政府引导、国际规则"的协调推进原则，充分激发各方参与共建"一带一路"积极性。三是统筹双边和多边。共同推动建设开放型世界经济，反对保护主义，继续把共建"一带一路"同各国发展战略、区域和国际发展议程有效对接、协同增效，以双边促多边，通过双边合作、三方合作、多边合作等各种形式，鼓励更多国家和企业深入参与共建"一带一路"，做大共同利益的蛋糕。四是统筹规模和效益。稳步提升共建"一带一路"合作的规模和效益，将"小而美"项目作为合作优先事项，多搞投资小、见效快、经济社会环境效益好的项目，形成更多接地气、聚人心的合作成果，打造一批深受共建国家赞誉、获得感强的标志性工程。五是统筹发展和安全。秉持共同安全理念，树立共同、综合、合作、可持续的安全观，强化安全共同体意识，共同细化完善安全保障措施，形成利益共享、风险共担的合作机制。

（二）原则理念

坚持共商、共建、共享。中国致力于推进国际关系民主化法治化公正化，主张各国不论大小一律平等，坚持大家的事由大家商量着办，通过群策群力、求同存异、集思广益，努力寻求各方利益的最大公约数。围绕政策沟通、设施联通、贸易畅通、资金融通、民心相通，持续深化合作，深入拓展健康、绿色、数字、创新等新领域合作空间，协调各方力量、整合优势资源，助力共同推进国家经济社会发展和民生福祉改善。

坚持开放、绿色、廉洁。中国坚定不移奉行对外开放的基本国策，将开放作为共建"一带一路"的本色，欢迎各国积极参与共建"一带一路"，分享中国发展红利。坚持把绿色作为共建"一带一路"的鲜明底色，与各国一道统筹好经济社会发展和生态环境保护。坚持一切合作都在阳光下运作，将廉洁作为共建"一带一路"行稳致远的内在要求和必要条件，不断推动反腐败国际合作向纵深发展。

坚持高标准、惠民生、可持续。共建"一带一路"把规则标准"软联通"作为重要支撑，引入各方普遍支持的规则标准，倡导对接国际规则标准，鼓励发展中国家采用适合自己的规则标准、走符合自身国情的发展道路。坚持以人民为中心的发展思想，聚焦消除贫困、增加就业、改善民生，让成果更好惠及全体人民，增强民众的获得感和幸福感。积极对接联合国2030年可持续发展议程，走经济、社会、环境协调发展之路，同时遵循国际惯例和债务可持续原则，确保商业和财政上的可持续性。

（三）发展目标

力争未来十年左右时间，各方朝着平等合作、互利互惠的目标相向而行，不断拓展共建"一带一路"各领域务实合作，深化"一带一路"合作伙伴关系，推动共建"一带一路"进入高质量发展的新阶段，为实现和平发展、互利合作、共同繁荣的世界现代化作出更大贡献，共同构建政治互信、经济融合、文化包容的利益共同体、责任共同体和命运共同体。

具体包括五大目标，即：一是互联互通网络更加畅通高效，在尊重相关国家主权和安全关切的基础上，推动"六廊六路多国多港"空间架构的系统性、立体性进一步健全。二是各领域务实合作迈上新台阶，"硬联通""软联通""心联通"统筹推进、走深走实，健康、绿色、数字、创新丝绸之路建设取得新突破。三是共建国家人民获得感、幸福感进一步增强，人文交流内容更加丰富、形式不断拓展，民心民意基础持续巩固。四是中国更高水平开放型经济新体制基本形成，规则、规制、管理、标准等制度型开放稳步扩大，区域开放布局不断优化，为国际合作注入更多活力。五是人类命运共同体理念日益深入人心，共建"一带一路"国际感召力进一步彰显，为构建持久和平、普遍安全、共同繁荣、开放包容、清洁美丽的世界作出更大贡献。

三、未来十年发展的重点领域和方向

未来十年，中国愿与各方，进一步深化共建"一带一路"合作，携手促进全方位多领域互联互通，为世界和平与发展注入更大能量。

（一）政策沟通

"志合者，不以山海为远"。政策沟通是共建"一带一路"的重要保障，是携手构建人类命运共同体的重要先导。

一是聚焦多边深入推进合作。始终坚持真正的多边主义和共商共建共享原则，维护以联合国为核心的国际体系和以国际法为基础的国际秩序，积极参与全球治理体系改革和建设，推动世界贸易组织等多边机制更好发挥作用，反对霸权霸凌霸道，共同推动全球治理朝着更加公正合理的方向发展。进一步深化与联合国教科文组织合作，持续与教科文组织合作举办"一带一路"青年创意与遗产论坛，继续与教科文组织合作开展丝绸之路青年学者资助计划。继续打造以"一带一路"国际合作高峰论坛为引领，以双边、三方和多边合作机制为支撑的复合型国际合作架构。

二是构建多层次政府间政策交流对接机制。加强与共建国家多层次、多渠道双边沟通磋商，巩固充实发展战略对接、规划对接、机制对接、市场对接、项目对接的整体合作框架。稳步有序推动与有关国家和国际组织商签共建"一带一路"合作文件。积极深化与共建国家务实合作，促成一批标志性成果，持续增进合作共识。

三是深入推进规则标准对接。积极对接、采用具有普遍共识的国际规则与标准，加强与国际标准化组织、国际电工委员会、国际电信联盟等权威性国际标准化组织的战略对接合作，联合国际标准化组织成员，推动国际标准制定。尊重各国法律法规，深化与共建国家规则标准对接合作，加强标准互认合作及标准信息互换，支持共建国家标准化能力建设，降低人员、资金、货物、服务等要素往来的"隐性壁垒"。推动标准制度型开放，保障外商投资企业依法参与中国标准制定，推出中国标准多语种版本。

（二）设施联通

"道路通，百业兴"。设施联通是共建"一带一路"的优先方向。中国将与各方，通过建设高质量、可持续、抗风险、价格合理、包容可及的基础设施，着力推动陆上、海上、天上、网上丝绸之路建设，全面提升共建国家间基础设施互联互通水平。

一是大力推进陆上通道建设。在尊重国家主权和安全关切的基础上，加强与共建国家基础设施建设规划、技术标准体系的对接，着力打通断头路段，畅通瓶颈路段。加强边境基础设施及口岸建设，重点提高口岸站场的集装箱列车接发及货物换装能力，提升通关便利化水平。积极参与共建国家主要港口进港铁路及机场高速公路建设，推动各种运输方式有效衔接，强化多式联运通道。

二是深化与共建国家海上互联互通。鼓励共建国家重要港口缔结友好港或姐妹港协议，合作共建国际和区域性航运中心。推动增加海上航线和班次，完善国际海运网络。加强与共建国家重点港口国际物流信息互联共享，提升运输便利化水平。积极与共建国家及港口城市分享临港经济发展经验，根据当地实际情况和意愿，推广"港口＋自贸区"模式。

三是推动共建"空中丝绸之路"高质量发展。不断加强民航安全、绿色、智慧发展领域技术合作。稳步推进与共建国家签订多双边航空运输协定，有序扩大航权安排，探索推动更高水平的航空开放。加强国际航空运输多双边领域合作，充分释放区域航空市场潜力。进一步加密与共建国家首都及重点城市的航线航班，提高航空运输质量和运行效率。

四是促进信息基础设施安全高效互通。促进与共建国家信息通信网络互联互通，合作推进跨境陆缆和海底光缆建设，拓宽信息通道。支持各国企业合作参与信息基础设施建设，提升网络互联互通水平。提高数字包容性，采取多种政策措施和技术手段缩小各国之间及各国内部的数字鸿沟，大力推进互联网普及。进一步加强在知识产权保护、个人隐私保护、跨境数据流动等方面的合作，共同构建网络空间命运共同体。持续建设"一带一路"空间信息走廊，聚焦深空探测、防灾减灾、环境保护、海洋和农业应用、空间教育培训等重点合作领域，不断丰富"一带一路"空间信息走廊内涵，更好地服务共建国家经济社会可持续发展。

（三）贸易畅通

"发展是人类社会的永恒主题"。共建"一带一路"倡议聚焦发展这个根本性问题，为共建国家提供了更多市场机遇、投资机遇、增长机遇，使合作成果惠泽各国、福及各方。

一是拓展全球贸易合作。深化科技创新、制度创新、模式和业态创新，推进产业创新对贸易的支撑作用。加强数字领域合作，推动航运贸易数字化与"一带一路"合作创新，促进互联网、物联网、大数据、人工智能、区块链与贸易有机融合。加强电子商务国际交流与合作，创建"丝路电商"合作先行区，推进跨境电子商务综合试验区建设，开展邮政快递领域合作，畅通邮政快件进出境渠道，有效支撑和带动跨境电子商务发展。推动贸易均衡协调可持续发展，优化出口商品质量和结构，积极发展服务贸易。

二是加强双向投资合作。引导企业完善公司治理，积极履行社会责任，依法合规诚信经营，提升国际化经营能力，树立中国投资者良好形象。深化国际产能与投资等经济合作，建立健全多双边经济合作机制，推进与相关国家规划对接、政策磋商、市场对接、项目合作，共享发展红利。拓展第三方市场合作，与更多有意愿的国家签署第三方市场合作文件，以共建国家为重点目标市场，因地制宜采取贸易、工程承包、投资、技术合作等方式开展第三方市场合作。继续与有条件的国家搭建平台，拓宽第三方市场合作项目的市场化融资渠道。持续优化外商投资环境，健全配套措施，将法律法规确定的投资促进、投资保护、投资管理制度落地落实，为共建国家企业在华投资提供更加有力的法治保障。

三是提高贸易投资自由化便利化水平。同更多国家商签自由贸易协定、投资保护协定。全面取消制造业领域外资准入限制措施。主动对照国际高标准经贸规则，深入推进跨境服务贸易和投资高水平开放，扩大数字产品等市场准入，深化国有企业、数字经济、知识产权、政府采购等领域改革。完善内外贸一体化调控体系，促进内外贸法律法规、监管体制、经营资质、质量标准、检验检疫、认证认可等相衔接，推进同线同标同质。实施自由贸易区提升战略，扩大面向全球的高标准自由贸易区网络，发挥自贸试验区、自由贸易港先行先试作用，更好地服务共建

"一带一路"。积极开展"智慧海关、智能边境、智享联通"合作，加快推进国际贸易"单一窗口"互联互通和"经认证的经营者"国际互认，支持企业在更多国家享受通关便利，为贸易投资人员提供出入境和停居留便利。深化与共建国家的双边卫生检疫、动植物检疫、进出口食品安全合作，完善推广共建"一带一路"海关信息交换共享平台，推进对基础设施薄弱国家检疫实验室援建。深入参与全球粮农治理，开展农业南南合作，探索共建一批农业产业园区、示范基地、交流平台，推动建立安全、畅通、高效的粮食和农产品供应链。

（四）资金融通

"通血脉，强筋骨"。金融血脉畅通，为共建"一带一路"注入源头活水。中国将与各方共同努力，积极拓宽多样化融资渠道，丰富创新投融资工具，持续完善金砖合作机制，推动建立更加多元、包容、可持续的共建"一带一路"投融资体系，为共建"一带一路"提供稳定、透明、高质量的资金支持。

一是健全金砖合作机制。构建共建"一带一路"高质量发展的融资政策框架，与有关国家共同落实好《"一带一路"融资指导原则》，并推动《"一带一路"债务可持续性分析框架》的进一步应用。继续发挥共建"一带一路"各类贷款、丝路基金、各类专项投资基金的作用，支持各类金融机构参与项目投融资。完善信用保险支持体系，充分发挥政策性出口信用保险作用，鼓励商业性保险丰富保险保障供给，满足各类项目和企业需求。有序推动人民币国际化，稳步推进与共建国家的双边本币合作，鼓励金融机构在对外投融资中更多使用人民币。完善全球金融安全网，加强在金融监管、会计审计监管、税收、反腐败领域国际合作，提高抗风险能力。

二是拓展投融资新渠道。通过多双边合作平台，鼓励亚洲基础设施投资银行等多边开发机构与共建国家开展联合融资。规范实施股权投资、政府和社会资本合作（PPP）项目融资等方式，充分发挥公共资金的带动作用，动员长期资本及私人部门资本参与。发挥多边开发融资合作中心作用，支持高质量项目储备和能力建设。支持共建国家政府和信用等级较高的企业以及金融机构在中国境内发行人民币债券。鼓励符合条件的中国境内金融机构和企业在境外发行人民币债券和外币债券，在共建国家使用所筹资金。

（五）民心相通

"国之交在于民相亲"。民心相通是推进共建"一带一路"的社会根基。中国将传承和弘扬古丝绸之路友好合作精神，持续与共建国家和有关国际组织深化教育、文化、旅游、体育等领域合作，促进政党、青年、妇女、残疾人、社会组织、媒体、智库沟通交流，以文明交流超越文明隔阂、文明互鉴超越文明冲突、文明共存超越文明优越，使各国相互理解、相互尊重、相互信任，形成和而不同、多元一体的文明共荣发展态势。

一是加强教育培训合作。继续实施"丝绸之路"中国政府奖学金，积极与共建国家扩大相互间留学规模，开展高水平教育交流合作，提升互通互认水平。加强中外青少年友好交流，深化中外语言文字国际交流合作。加强"一带一路"税收征管能力促进联盟建设，拓展"一带一路"税务学院网络，积极支持税务官员交流培训，促进共建国家税收征管能力共同提升。持续加强"一带一路"自然灾害防治和应急管理国际合作机制建设，启动"一带一路"应急管理千人培训计划、"一带一路"安全生产事故风险防范和应对能力提升项目、"一带一路"矿山安全能力提升项目等，定期举办"一带一路"应急救援演练。密切农业领域各方面人员交流互访，促进农业发展经验、技术、标准和人才交流。

二是加强文化、旅游和体育合作。实施"文化丝路"计划，与共建国家互办文化年、艺术节、交流周等重点活动，办好共建"一带一路"主题节会。不断拓展丝绸之路国际剧院联盟、博物馆联盟、艺术节联盟、图书馆联盟、美术馆联盟和丝绸之路旅游城市联盟成员规模，为国际文化和旅游交流合作搭建平台。加强文化遗产保护经验交流，推动在古代文明研究、联合考古、古迹修复、博物馆交流、人员培训、流失文物追索返还等方面开展国际合作，积极开展亚洲文化遗产保护行动，建设亚洲文化遗产保护联盟，以常态化合作机制推动文化遗产保护高质量发展。扩大旅游往来规模，举办旅游年、宣传月、推广周等重点活动，联合打造具有丝绸之路特色的国际精品旅游产品线路，实施"你好！中国"入境游促进计划。积极开展体育交流活动，支持共建国家举办重大国际体育赛事。

三是加强政党和民间组织等合作。充分发挥政党、议会交往的桥梁作用，加强共建国家之间立法机构、主要党派和政治组织的友好往来，继续举办中国共产党与世界政党高层对话会。开展"丝路心相通"行动，支持中外民间组织、企业、智库等机构开展人文交流和民生项目。实施"一带一路"未来精英计划，积极邀请共建国家政党、政治组织、民间组织、侨界社团青年精英来华交流。持续举办好"凝聚女性力量，共建'一带一路'"系列活动，促进共建国家间妇女交流合作。积极开展同共建国家国际志愿者服务交流合作，发起成立全球志愿服务联盟。积极促进青年交流合作，实施"筑梦丝路"青年发展计划。

四是加强媒体与智库合作。持续加强"一带一路"新闻合作联盟建设，推动各国新闻媒体开展联合采访制作、人员培训交流等合作。办好丝绸之路国际电影节和图书展等活动，做好国际传播"丝路奖"评选。支持各国加强媒体能力建设，深化媒体政策交流和国际研修培训。充分发挥广电视听桥梁纽带作用，办好中国—阿拉伯国家广播电视合作论坛、中国—东盟视听周等活动，开展"一带一路"优秀视听节目互译互播，深入实施"丝绸之路视听工程"。积极与各国智库和研究机构开展合作，组织开展联合研究、对话和论坛，支持学术成果联合出版，推动更多智库、专家学者加入"一带一路"国际智库合作委员会、"一带一路"智库合作联盟等。

（六）新领域合作

"察势者明，趋势者智"。共建"一带一路"将顺应世界经济、技术、产业、社会发展普遍规律和时代大势，稳妥开展绿色、数字、创新、健康等新领域合作，培育合作新增长点，为共建国家人民美好生活注入更多动力、带来更多希望。

一是推进共建"一带一路"绿色发展。全面夯实绿色发展合作基础，以生态优先、绿色发展为导向，推动绿色丝绸之路建设与联合国可持续发展议程深入对接，推进重大合作项目落实见效。大力拓展绿色发展合作空间，围绕绿色基建、绿色生态、绿色能源、绿色交通、绿色金融等重点领域，依托和完善"一带一路"绿色发展国际联盟等重要平台，落实好"一带一路"绿色投资原则，共谋绿色发展，共筑清洁美丽世界。继续举办"一带一路"绿色创新大会，建设光伏产业对话交流机制和绿色低碳专家网络。持续强化绿色发展能力建设，提高对共建"一带一路"绿色发展的人才支持力度，促进共建国家不断提高绿色发展内生动力。

二是加快培育数字领域合作新业态新模式。深化数字治理合作，加快推进加入《数字经济伙伴关系协定》（DEPA）等协定谈判进程，加快世界贸易组织（WTO）电子商务议题谈判，拓展共赢合作空间。依托"一带一路"国际合作高峰论坛、数字中国建设峰会、世界互联网大会等平台，增进各方理解与互信。积极推进数字基础设施互联互通，加快推进跨境电商、数字教育、智慧城市、物联网、5G 等领域合作，促成一系列务实合作成果。着力弥合数字鸿沟，继续组织举办数字经济主题援外培训班，让数字经济发展红利切实惠及各国人民，携手打造开放、公平、公正、非歧视的数字发展环境。与国际电信联盟、亚太电信组织等机构加强数字领域务实合作，提升发展中国家信息通信技术发展能力，助力实现联合国 2030 年可持续发展议程目标。

三是打造"一带一路"科技创新合作新高地。继续深入实施"一带一路"科技创新行动计划，扎实推进科技人文交流、联合实验室、技术转移和科技园区合作等 4 项举措。启动实施"一带一路"可持续发展技术专项合作计划、空间信息科技专项合作计划、创新创业专项合作计划、科技减贫专项合作计划等 4 项专项行动。依托和完善"一带一路"知识产权合作机制等平台，加强知识产权保护国际合作，打造开放、公平、公正、非歧视的科技发展环境。落实好全球人工智能治理倡议，共同促进全球人工智能健康有序安全发展。

四是积极深化卫生健康领域国际合作。深入参与全球卫生治理，继续积极参加世界卫生组织以及二十国集团、金砖国家、中非合作论坛等机制卫生部长会议、理事机制和技术会议。发挥共建"一带一路"公共卫生合作网络作用，深化传染病联防联控，加强信息通报和共享。携手深化在传统医药政策沟通、医疗服务、科学研究、教育培训、产业发展、文化传播等方面的交流合作，为服务人类健康福祉作出更大贡献。

四、未来十年发展的路径和举措

未来十年，中国愿携手各方，充分汲取"和平合作、开放包容、互学互鉴、互利共赢"丝路精神的力量源泉，以共商共建共享、开放绿色廉洁、高标准惠民生可持续为重要指导原则，推动共建"一带一路"不断取得新的更大成效，为各国和世界发展带来更多实实在在的好处。

（一）统筹打造品牌亮点，构建高水平立体互联互通网络

一是统筹打造一批标志性工程。加强与共建国家发展战略和市场需求对接，充分考虑共建国家政府、地方和民众多方利益和关切，不断提升标志性工程项目规划、建设、运营的系统性、协调性和可持续性，全面提升示范引领作用。建设好中泰铁路、匈塞铁路等在建项目，高质量共建中巴经济走廊，运营好雅万高铁、亚吉铁路、蒙内铁路等项目，做好中吉乌铁路前期研究，促进投资、建设、运营一体化。与相关共建国家共同稳妥有序推进皎漂港、瓜达尔港、科伦坡港、汉班托塔港、比雷埃夫斯港等港口建设运营，积极推进"丝路海运"港航贸一体化发展。稳步推进援巴基斯坦瓜达尔新国际机场、柬埔寨暹粒吴哥国际机场等民航基础设施领域规划、建设、运营合作，助力共建国家民航基础设施高质量发展。保持中俄东线天然气管道、中俄原油管道、中国—中亚天然气管道、中缅管道等项目稳定运营。加快推进中欧班列高质量发展，参与跨里海国际运输走廊建设，办好中欧班列国际合作论坛，会同各方搭建以铁路、公路直达运输为支撑的亚欧大陆物流新通道。做大做优中老铁路品牌影响力，推动西部陆海新通道建设全面提质增效。

二是不断擦亮"小而美"项目"金字招牌"。聚焦共建国家民众"看得见、摸得着"，容易提升获得感、幸福感的基础设施建设、卫生健康、绿色生态、农业合作、水利、林草发展、减贫和人道主义、教育培训等重点领域，以接地气、聚人心、低成本、可持续为导向，深入推进共建"一带一路""小而美"项目建设，着力打造一批新的有示范效应的代表性项目。鼓励做优做强"菌草"等品牌项目，通过鲁班工坊等推进中外职业教育合作，稳步推进海外中国学校试点建设。进一步拓展"丝绸之路沿线民间组织合作网络"，在共建国家广泛开展"光明行"等。充分发挥援外资金作用，扎实做好对外援助促进减贫脱贫和粮

食安全工作，建设一批促进减贫脱贫和粮食安全合作的标志性项目，持续打造发展合作援助旗舰项目。

（二）统筹强化风险防控，建立完善系统性安全保障体系

一是坚持共同、综合、合作、可持续的安全观。秉持共同安全理念，统筹维护传统领域和非传统领域安全，协调推进安全治理。充分利用联合国大会和各相关委员会、安理会、相关机构以及其他有关国际和地区组织等平台，汇聚国际社会应对安全挑战的共识。加强安全领域多双边合作，积极深化执法、联演联训联巡等合作，帮助相关国家提升安全保障能力，推动建设一个普遍安全的世界。

二是提升系统性风险防控能力水平。共建国家间加强沟通对接，强化安全共同体意识，共同细化完善安全保障措施，加强对共建"一带一路"项目和人员安全保障。引导企业落实好风险防控主体责任，增强风险防控意识和能力，切实做好"走出去"前的风险综合评估，规范海外经营行为，加强风险源头管控，前置风险防控关口，做到"早发现、早预警、早防范"。不断推动反腐败国际合作向纵深发展，坚持一切国际合作都在阳光下运作，推出《"一带一路"廉洁建设高级原则》，建立"一带一路"企业廉洁合规评价体系，合作开展"一带一路"廉洁研究和培训，同各方共建风清气正的廉洁丝绸之路。

（三）统筹完善机制平台，深化拓展多双边务实合作

一是加强战略规划对接。有序推动与合作基础较好、合作意愿较强的国家围绕各自的发展战略和合作规划加强有效对接，找准深化务实合作的结合点、对接点，实现优势互补、协同并进，产生"一加一大于二"的效果。及时建立完善合作规划落实协调机制，加强沟通对接，积极开展合作规划框架下各领域双边合作，形成更多可视性成果，促进共同繁荣发展。

二是加强共建"一带一路"合作平台建设。继续高质量办好"一带一路"国际合作高峰论坛，为各方深化交往、增进互信、密切往来提供重要平台。在"一带一路"国际科学组织联盟、"一带一路"律师联盟、"一带一路"绿色发展国际联盟、"一带一路"能源合作伙伴关系、"一带一路"税收征管合作机制、"一带一路"自然灾害防治和应急管理国际合作机制、"一带一路"新闻合作联盟、"一带一路"国际智库

合作委员会、"一带一路"国际发展合作共建委员会、"一带一路"共建国际出版合作体、"一带一路"纪录片学术共同体等专业领域合作平台框架下，加强多层次、多渠道沟通磋商，深化重点领域合作。办好博鳌亚洲论坛、中国国际进口博览会、中国进出口商品交易会、中国国际服务贸易交易会、中国国际投资贸易洽谈会、全球数字贸易博览会，以及中国—东盟博览会、中非经贸博览会、中国—阿拉伯国家博览会、中国—中东欧国家博览会等经贸合作平台，深入推进共建"一带一路"经贸合作。支持共建国家地方、民间挖掘"一带一路"历史文化遗产，联合举办专项经贸、文化交流活动，办好丝绸之路（敦煌）国际文化博览会等国际交流活动，举办"良渚论坛"，深化同共建国家的文明对话。

三是充分发挥多双边合作机制作用。同共建国家加强能源、税收、金融、绿色发展、减灾、反腐败、智库、媒体、文化等领域的多边合作平台建设，举办部长级会议或其他形式国际会议，为各专业领域务实合作提供支撑。支持二十国集团、上海合作组织、亚太经合组织、金砖国家、大图们倡议、大湄公河次区域经济合作、中亚区域经济合作等多边合作机制发挥建设性作用，加强宏观政策协调，加强与相关国家沟通，深入开展共建"一带一路"务实合作。

（四）统筹提升政策服务，增强全方位支撑保障

一是加强国际化人才培养。构建科学有效的选人用人机制，加强共建"一带一路"重点领域人才培养，打造国际化、复合型人才队伍。健全引进人才制度，完善外国人永久居留制度，营造吸引海外高层次人才的良好工作、生活环境。

二是构建共建"一带一路"涉外法律服务体系。加强国际商事纠纷解决机制建设，充分发挥国际商事争端预防与解决组织功能作用，完善国际商事法庭运行机制，更好发挥国际仲裁商事调解作用，优化诉讼与调解、仲裁有机衔接的"一站式"国际商事纠纷多元化解决机制。积极稳妥推进国际商事仲裁中心建设，打造国际一流仲裁机构。发挥国际商事专家委员会优势，加强对国际法、国别法的研究和运用，积极参与国际规则制定。加强涉外法律服务机构建设，鼓励律师事务所等针对共建"一带一路"重点国家开展法律制度、法律环境咨询服务。推进

共建国家法律数据库建设，加强国际法律交流合作。

（五）统筹深化互利合作，携手构建人类命运共同体

一是深化拓展平等、开放、合作的全球伙伴关系。中国呼吁各国弘扬和平、发展、公平、正义、民主、自由的全人类共同价值，坚持对话协商、共建共享、合作共赢、交流互鉴、绿色低碳，共同建设持久和平、普遍安全、共同繁荣、开放包容、清洁美丽的世界。坚持在和平共处五项原则基础上同各国发展友好合作，推动构建新型国际关系。促进大国协调和良性互动，推动构建和平共处、总体稳定、均衡发展的大国关系格局。坚持亲诚惠容和与邻为善、以邻为伴周边外交方针，深化同周边国家友好互信和利益融合。秉持真实亲诚理念和正确义利观加强同发展中国家团结合作。

二是不断丰富完善构建人类命运共同体的内涵体系。通过发布构建双边命运共同体的行动计划、联合声明等多种形式，积极与友好伙伴构建命运共同体，推动实现更多实践成果，更好增进民生福祉。坚持真诚友好、平等相待，义利相兼、以义为先，推动中非、中阿、中拉、中国—太平洋岛国、中国—东盟、中国—中亚、澜沧江—湄公河等区域命运共同体建设取得丰硕成果，为地区和世界携手构建人类命运共同体树立典范。推动人类卫生健康共同体、网络空间命运共同体、核安全命运共同体、海洋命运共同体、人与自然生命共同体等建设走深走实，为破解全球和平赤字、发展赤字、安全赤字、治理赤字作出更大贡献。

五、展望

在高质量共建"一带一路"的道路上，各方是平等的参与者、贡献者、受益者，中国欢迎各方坚持共商共建共享原则，积极参与共建"一带一路"，持续加强全方位多层面交流合作。中国愿与各方建设更加紧密的创新合作伙伴关系，加强创新合作，支持技术转移、知识分享、人才交流，共同探索新的增长动能和发展路径。建设更加紧密的互联互通伙伴关系，进一步提高世界经济的连通性和共享性，建设共享发展平台，共享发展机遇，实现各方共担责任、共御风险、共享成果，推动构建更加公正合理的全球治理新秩序。建设更加紧密的绿色发展伙伴关系，尊重共建国家追求绿色发展的权利，共同维护全球生态安全，构

建人与自然生命共同体。建设更加紧密的开放包容伙伴关系，支持开放型经济以及包容和非歧视的全球市场，打造开放型合作平台，推动构建开放型世界经济。建设更加紧密的廉洁建设伙伴关系，不断凝聚反腐败合作共识，深化反腐败务实合作，持续优化廉洁丝绸之路营商环境，服务保障共建"一带一路"高质量发展。

中国愿与各方守望相助、和衷共济、携手同心、行而不辍，把握历史大势、顺应时代潮流，迎接共建"一带一路"更高质量、更高水平的新发展，建设开放包容、互联互通、共同发展的世界，为推动构建人类命运共同体的伟大实践贡献更多中国智慧。

推进"一带一路"建设科技创新合作专项规划

（2016 年 9 月）

推进"丝绸之路经济带"和"21 世纪海上丝绸之路"（以下简称"一带一路"）建设是我国政府根据时代特征和全球形势提出的重大倡议，对促进沿线各国经济繁荣与区域经济合作，加强不同文明交流互鉴，促进世界和平发展，都具有划时代的重大意义。为贯彻落实《推动共建丝绸之路经济带和 21 世纪海上丝绸之路的愿景与行动》，发挥科技创新在"一带一路"建设中的引领和支撑作用，特制定《推进"一带一路"建设科技创新合作专项规划》。

一、深刻认识重要意义

（一）时代背景

当前，新一轮科技革命和产业变革正在重塑世界经济结构和竞争格局。在全球化、信息化和网络化深入发展的背景下，创新要素开放性、流动性显著增强，科技研究与产业化的边界日趋模糊，科学技术加速在全球的普及与扩散，推动世界经济成为一个紧密联系的整体，用科技促进经济社会发展成为国际共识。世界经济和创新格局的深度调整，需要我国在"一带一路"建设中大力推进科技创新合作。同时，实施创新驱动发展战略，推动经济社会转型升级成为我国发展的必然选择。解决我国面临的经济发展难题，迫切需要提升产业技术水平。推动"一带一路"科技创新合作是我国应对世情国情变化、扩大开放、实施创新驱动发展战略的重大需求。

我国与沿线国家围绕"一带一路"科技创新合作迎来良好机遇。一是我国与许多沿线国家发展阶段类似，发展需求和条件有共同之处，在发展路径的选择上容易达成共识。我国积累的大量先进适用技术和科技人才，能够为沿线国家提供更具借鉴意义的发展经验。二是科技创新在与沿线国家开展国际合作中具有先行优势，已成为政策沟通、设施联通、贸易畅通、资金融通、民心相通的关键支撑。三是科技创新在支撑"一带一路"建设中已发挥了积极作用，并取得良好成效。我国与大多数沿线国家建立了较为稳定的政府间科技创新合作关系，与沿线国家共建了一批科研合作、技术转移与资源共享平台，广泛举办各类技术培训班，接收大批沿线国家杰出青年科学家来华工作。

（二）重要意义

科技创新合作是"一带一路"人文交流的重要组成部分，是促进民心相通的有效途径。通过科技合作，惠及民生，成为国家沟通和民心相通的桥梁。科技合作示范和推广效应好，有利于在合作中增强对我国的认知与互信。

科技创新合作是共建"一带一路"的重要内容，是提升我国与沿线国家合作水平的重点领域。与沿线国家相比，我国科技创新资源丰富，在装备制造、空间、农业、减灾防灾、生命科学与健康、能源环境和气候变化等领域形成的技术优势，有利于提升国际合作层次。深化科技合作，有利于发挥科技创新优势，推动由过去传统产业"优势产能"合作向科技"新产能"合作转变。

科技创新合作是我国推进"一带一路"重大工程项目顺利实施的技术保障。科技创新在"一带一路"建设中具有重要先导作用，为"一带一路"重大工程建设中突破技术瓶颈、提升工程质量以及创立品牌等提供有力支撑保障。

二、准确把握总体要求

（一）指导思想

秉持和平合作、开放包容、互学互鉴、互利共赢理念，以全面发挥科技创新合作对共建"一带一路"的支撑引领作用为主线，以增进战略互信、促进共同发展为导向，全面提升科技创新合作的层次和水平，推动政策沟通、设施联通、贸易畅通、资金融通、民心相通，打造发展理念相通、要素流动畅通、科技设施联通、创新链条融通、人员交流顺通的创新共同体，为开创"一带一路"建设新局面提供有力支撑。

（二）基本原则

共建共享，互利共赢。充分尊重沿线国家发展需求，积极对接沿线国家的发展战略，共同参与"一带一路"科技创新合作，共享科技成果和科技发展经验，打造利益共同体和命运共同体，促进可持续发展和共同繁荣。

以人为本，增进互信。突出科技人才在支撑"一带一路"建设中的关键核心作用，以人才交流深化科技创新合作，激发科技人才的积极性和创造性，为深化合作奠定坚实的人才基础。

分类施策，聚焦重点。聚焦战略重点，有序推进，制定和实施有针对性的科技创新合作政策，集中力量取得突破，形成示范带动效应。

改革创新，内外统筹。加快推动体制机制改革创新，加强与沿线国家科技管理机构、社会组织运行机制的对接，统筹利用国内国际两个市场、两种资源，形成分工协作、步调一致、共同推进的工作局面。

政府引领，市场主导。充分发挥政府在重大合作活动中的引导作用，发挥市场在资源配置中的决定性作用和各类企业在科技创新合作中的主体作用。

（三）战略目标

近期目标。用 3—5 年时间，夯实基础，打开局面。科技人员交流合作大幅提升，来华交流（培训）的科技人员达到 150000 人次以上，来华工作杰出青年科学家人数达到 5000 名以上；与沿线国家就深化科技创新合作、共同走创新驱动发展道路形成广泛共识，与重点国家合作规划、实施方案基本形成，并签署合作备忘录或协议；建设一批联合实验室（联合研究中心）、技术转移中心、技术示范推广基地和科技园区等国际科技创新合作平台，鼓励企业在沿线国家建成若干研发中心，重点项目实施初见成效。

中期目标。用 10 年左右的时间，重点突破，实质推进。以周边国家为基础、面向更大范围的协同创新网络建设初见成效，形成吸引共建"一带一路"国家科技人才的良好环境，重点科技基础设施建设、联合实验室（联合研究中心）、平台网络建设等投入使用并发挥成效，重大科技合作项目取得重要成果，重点产业技术合作推动下的国际产业分工体系初步形成，"一带一路"创新共同体建设稳步推进。

远期目标。到 21 世纪中叶，"一带一路"两翼齐飞，全面收获。科技创新合作推动"五通"目标全面实现，建成"一带一路"创新共同体，形成互学互鉴、互利共赢的区域协同创新格局。

三、明确重点任务

结合沿线国家科技创新合作需求，密切科技人文交流合作，加强合作平台建设，促进基础设施互联互通，强化合作研究，逐步形成区域创新合作格局。

（一）密切科技沟通，深化人文交流

深化科技人文交流，增进科技界的互信和理解，是推动"一带一路"科技创新合作的基础，也是与沿线国家持续开展人文交流活动的核心。与沿线国家合作共同培养科技人才，扩大杰出青年科学家来华工作计划规模，建设一批不同类型的培训中心和培训基地，广泛开展先进适用技术、科技管理与政策、科技评估、科技创业等培训。实施国际科技特派员计划，开展科技志愿服务，解决技术问题，满足技术需求。合作开展科普活动，促进青少年科普交流。

加强科技创新政策沟通，支持沿线国家开展政策能力建设。积极与沿线国家共同开展科技创新规划编制、科技创新政策制定、国家创新体系建设等，推动开展重大科技活动联合评估，形成科技创新政策协作网络。

构建多层次的科技人文交流平台。充分利用博鳌亚洲论坛、中国—东盟博览会、中国—亚欧博览会、中国—南亚博览会、中国—阿拉伯国家博览会、中国—俄罗斯博览会、中国西部国际博览会等平台，继续建设好与东盟、南亚和阿拉伯国家的国际技术转移与创新合作大会、中国—中东欧国家创新技术合作及国际技术转移研讨会等科技创新合作平台。

（二）加强平台建设，推动技术转移

共建一批国家联合实验室（联合研究中心）。结合沿线国家的重大科技需求，鼓励我国科研机构、高等学校和企业与沿线国家相关机构合作，围绕重点领域共建联合实验室（联合研究中心），联合推进高水平科学研究，开展科技人才的交流与培养，促进适用技术转移和成果转化，构建长期稳定的合作关系，提升沿线国家的科技能力。

共建一批技术转移中心。充分发挥我国与东盟、中亚、南亚和阿拉伯国家技术转移中心等作用，进一步完善技术转移协作网络和信息对接平台建设，鼓励各技术转移中心构建国际技术转移服务联盟，共同推动先进适用技术转移，加强我国的科技、人才、信息等资源与沿线国家的需求相结合，深化产学研合作。

共建一批先进适用技术示范与推广基地。结合沿线国家的技术需求，鼓励我国科研机构、高等学校和企业积极推广重点领域先进适用技术。

（三）支撑重大工程建设，促进科技资源互联互通

科技支撑铁路、公路联运联通，突破特殊环境条件下铁路公路建设、技术装备等适应性关键技术，加强技术标准的对接。以沿岸重点港口为节点，建设环境、水文气象、海洋等相关数据监测网络，突破港口、水上通道建设、航运支持保障系统等关键技术。

依托特高压和智能电网技术，支撑沿线国家电网建设和升级，加快电网建设互联互通。支撑信息通信网络互联互通，开展跨境陆缆、洲际海底光缆、通信网络等建设的关键技术攻关，加快数据共享平台与信息服务设施建设，实现科学数据资源的高速传输、关联融合和服务共享。

促进科研仪器与设施、科研数据、科技文献、生物种质等科技资源互联互通。以先期面向国际试点开放共享的大型研究基础设施为基础，推动数据、文献等科技资源共享。建立综合地球观测系统与科学数据共享服务平台，实现亚太主要地球观测数据中心互联互通。建立生物技术信息网络，实现生物资源和技术成果数据库的共建共享。

（四）共建特色园区，鼓励企业创新创业

共建一批特色鲜明的科技园区，引导鼓励我国高新区、自主创新示范区、农业科技园区、海洋科技产业园、环保产业园和绿色建材产业园等与沿线国家主动对接。鼓励有实力企业与沿线国家共建科技园区，探索多元化建设模式。

鼓励科技型企业在沿线国家创新创业。培育一批具有国际竞争力的跨国创新型企业，促进新业态和新商业模式互利合作。鼓励有条件的企业到科技实力较强的沿线国家设立研发中心，加强知识产权保护和利用，促进产业向价值链中高端攀升。

（五）聚焦共性技术，强化合作研究

聚焦沿线国家在经济社会发展中面临的关键共性技术问题，加强合

作研究。在基础研究领域，开展高能物理、生物物理、生态气候、天文观测、极端天气气候、冰雪带与气候变化关系以及地球综合观测等重大科学问题的合作研究。在应对共同挑战方面，重点在生态环境、能源安全、人口健康、粮食安全、自然灾害、文化遗产保护与传承等领域开展联合攻关，鼓励国际科技组织和相关区域性组织积极参与。

四、明确重点领域

（一）农业

与沿线国家广泛开展作物种质资源联合收集与共享，共同开展水稻、玉米、小麦、棉花、油菜、蔬菜等大宗作物，橡胶、香蕉、木薯、林木、畜禽、水产等特色作物的种质创制与新品种的选育推广。共同开展农业有害生物的监测预警和绿色防控技术、农业气象灾害的监测预警和调控技术、重大跨境动物疫病预警及防减技术的联合研究与推广应用，合作建设农情信息监测与共享体系、重要农产品风险监测与评估技术体系。积极开展高效节水与节能农业、海洋农业、设施园艺、有机废弃物综合利用等技术和农机装备的联合开发与示范，推广环境友好型和气候智慧型农业发展模式。加强资源利用、环境治理以及生态修复等绿色农村发展技术合作与推广。加强高效农产品深加工技术的合作与推广应用，加快建设清真食品研发与快速检测技术体系。

（二）能源

加强适合沿线国家实际的太阳能、生物质能、风能、海洋能、水能等可再生能源，煤油气等传统能源清洁高效利用技术的研发和示范推广与合作，加强重点行业节能减排先进适用技术的推广应用。积极推广三代、四代核电技术。加强节能技术、能源装备与重要部件的联合研发与生产。加强对海外油气资源投资、风险勘探和开发合作。合作构建因地制宜的多能互补、冷热电联产的分布式和区域新型能源系统。开展能效标准标识合作，研究多种形式的能源互联互通，构建安全高效智慧的未来能源体系。

（三）交通

重点加强适应沿线国家科技人文环境和泛欧亚互联互通需求的高速动车组及其运行安全保障技术的合作研究，加强恶劣环境交通基础设施建设、先进智能交通系统、交通安全监管与应急救助、交通节能减排和环境保护等技术与装备研究，构建互联互通的交通基础设施网络和便利高效的跨境国际物流服务系统。促进沿线港口信息互联互通，深化国际绿色港口枢纽建设关键技术合作。积极推动新能源汽车及其关键共性技术合作开发。

（四）信息通信

共同开展大数据、云计算、物联网、智慧城市等领域的合作与应用，加强信息安全技术开发，合作开发面向文化娱乐消费市场、广播电视事业的数字媒体内容处理关键技术。共同开展新一代移动通信技术研发和网络部署。开展跨境电子商务联合创新研发合作，推动基于移动互联网的消费者群组识别关键技术和移动支付技术开发。

（五）资源

加强矿产、生物等资源的勘查开发与综合利用。加强工业固体废物和可再生资源综合利用技术创新合作，共同开展产业技术示范。推动矿山资源的高效开发技术合作，开展绿色矿业发展技术示范。推动水资源综合规划、海水利用、水循环利用和饮用水安全等技术示范。合作提高沿线国家生物资源保护与开发水平。

（六）环境

加强生态环境科学调查，与沿线国家合作开展生态环境专题研究及区域性生态环境问题的长期监测与遥感调查，构建立体化生态环境科学观测网。建设"一带一路"环境监测预警应急系统；加强区域环境生态承载力分析，开展生态环境保护、应对气候变化、荒漠化治理、气象预报预警和重污染行业清洁生产、环保技术装备等合作研发与示范；实施各方共同参与、共同受益的生态环保项目，开展低碳生态城市建设应用示范，推动绿色丝绸之路建设。继续推动"世界第三极"综合观测，深化高原地区生态系统变化的全球影响研究。

（七）海洋

加强海洋合作平台建设，推动海洋环境观测技术合作，开展海洋海岛生物多样性、海岸带侵蚀、海洋动力环境、海洋气象和海洋卫星等科学观测和数据共享。开展海洋资源科学调查，推动海洋油气及矿产勘探开发、海洋工程装备制造、海岛动态监测及多能互补、海洋灾害监测预警与保障服务等关键技术研发与应用。

（八）先进制造

与沿线国家合作开展高端装备研发和产业化应用，支撑重大基础设施建设。促进绿色加工、再制造关键技术研发和产业化应用。开展汽车、轨道客车、船舶等交通装备设计和研发。

（九）新材料

共同开展高品质特殊钢等重点基础材料产业化关键技术，高性能膜材料、第三代半导体、纳米材料、光电材料、绿色节能建筑材料等先进材料制造技术合作研发。推动高温合金、高性能复合材料、海洋工程材料、新型功能与智能材料等技术和产品的联合攻关。

（十）航空航天

开展对地观测、通用航空、深空探测、天地往返等航空航天技术联合研发与产业化应用。推动导航、对地观测及通信一体化的空天信息综合服务平台建设，开展多边各国间的综合地球观测、导航与位置服务、航空飞行器实时监控协作。

（十一）医药健康

加强对沿线国家特色药材和传统医药的挖掘与合作研发，构建传统药物种质资源库和标准化体系，推动中医药传承创新，推进中医药的养生保健、治未病等传统医学技术应用，促进中医药（包含其他民族医药）健康文化传播，开展高附加值传统药物、化学药、生物药等合作研发与产业化。积极推广应用基因检测等新技术，加强区域性重点疾病防治防控合作，攻克若干重大疾病预防和诊治关键技术，提高合作处理突发公共卫生事件的能力。共同开展新型药物研发、国际临床研究等，加强先进医疗器械的联合开发和推广应用，推广移动健康和数字医疗服务。

（十二）防灾减灾

开展气象探测、活动断层探测、地震安全性评价和结构震害预测等技术推广，开展大陆强震机理研究；加强海洋灾害、极端天气气候、地质灾害、洪旱灾害等数据共享、技术和经验推广。加强灾害风险管理及应急处理能力建设，研发和推广应用先进适用的救灾产品和工具，构建区域联合救灾工作机制。加强灾后恢复重建能力建设，开展灾后恢复重建设计、疫病防治、通信交通建设等技术应用推广与示范。

五、完善体制机制

（一）加强政府间科技创新合作

建立健全双边和多边政府间科技创新合作及对话机制。主动设计一批科技创新合作项目。充分发挥国际科技组织的作用，鼓励与国际科技组织围绕"一带一路"重大科技问题和共同发展挑战开展合作。引导和推动地方政府与沿线国家或地区开展各具特色的科技创新合作与交流。

（二）发挥企业创新主体作用

引导企业成为"一带一路"科技创新合作的投入、执行和受益主体，形成骨干企业先导带动、中小企业大规模参与的合作局面，并吸引社会力量参与。鼓励企业设立海外研发中心。

（三）发挥各地科技创新合作优势

发挥地方在科技创新合作方面形成的基础优势，探索建立各具特色的地方合作机制。沿边省区市充分发挥地缘优势，在人员交流、应对共同挑战、科技基础设施联通等方面起到前沿作用。腹地省区市发挥战略支撑作用，重点开展技术转移、共建研发机构和科技园区等。

（四）促进协同创新

加强中央与地方多层次创新主体之间的协同，引导各类创新主体在沿线国家共建创新平台，深化产学研合作。围绕面临的共同发展挑战，建立重大项目协作研发机制，围绕重要技术领域合作建立国际技术转移机制，促进不同国家的创新主体在优势互补基础上开展协同创新。

（五）发挥民间组织作用

充分发挥民间科技组织在"一带一路"科技创新合作中的重要作用，促进民间科技创新合作交流，搭建民间科技组织合作网络平台。鼓励通过青年交往、志愿者派遣、学术往来与交流等方式，丰富民间科技交往内容。鼓励民间科技组织广泛开展各类科技公益活动。

（六）优化国内政策环境

加强部门协调，推动国内科研经费管理制度改革，以及国内科研院所和高等学校评价制度改革，支持科研人员参与沿线国家科技创新合作。

六、加大支持力度

（一）加大财政支持力度

加大中央财政投入，加强与现有科技计划和项目的衔接与统筹，重点支持"'一带一路'科技创新合作"。鼓励地方加强投入，设立配套项目资金支持"一带一路"科技创新合作。建立多元化投入体系，通过政府和社会资本合作（PPP）等多种方式引导企业、科研院所、高等学校等加大投入。

（二）提升科技援助水平

扩大科技援助规模，加大对相关沿线国家的援助力度。完善援助方式，积极开展先进适用技术和科技管理培训，帮助沿线国家制定科技创新政策与发展规划，援建联合实验室（联合研究中心）、科技园区等科技合作平台，培养优秀科学家，加强沿线国家科技创新能力建设。

（三）强化人才支撑

促进科技人才往来便利化，推动国际交流，建立双向互动的人才体系。促进科技人才与金融资本对接，推进面向"一带一路"的大众创业、万众创新。充分发挥驻沿线国家使领馆作用。加大科技管理干部队伍培训力度，提升科技管理国际化能力。

（四）加强战略研究

加强科技创新合作战略研究，打造科技人才智库。积极发挥科技智库的评估与决策咨询作用，针对"一带一路"科技创新合作重点方向开展长期跟踪研究，定期发布科技创新合作研究报告。

（五）深化科技金融合作

鼓励我国与各类金融机构和科技中介服务机构合作，建立面向沿线国家的区域性科技金融服务平台和投融资机制。加强与亚洲基础设施投资银行、金砖国家银行和丝路基金等金融机构合作，重点支持面向沿线国家的科技基础设施建设和重大科技攻关项目。

七、加强组织实施

（一）强化组织领导

由科技部、发展改革委、外交部和商务部联合牵头，负责本规划实施的统筹协调，制定实施方案，分解落实各项任务和配套政策，推进各项任务全面落实。建立年度工作推进会议机制，研究提出或调整科技创新合作项目和相关政策等，制定下一阶段工作计划。

（二）加强分工协作

各部门要各司其职，各尽其责，加强协调配合，细化落实规划制定的相关任务，制定具体行动计划。各地方要结合当地实际，积极开展特色鲜明、各有侧重的科技创新合作。科研院所和高等学校、企业要发挥自身优势，主动开展科技创新合作。各类科技中介组织要发挥协调推动作用，加强宣传和组织，营造良好合作氛围。驻外使领馆要跟踪合作动态，密切信息沟通，对我国开展科技创新合作提供支撑。

（三）抓好督查评估

建立督促检查工作制度，拟订方案和工作计划，对规划实施、政策落实和项目建设情况开展督促检查，及时解决存在的问题。加强跟踪评估，适时提出调整规划、完善政策的意见建议。

参考文献

［1］翟东升，蔡达.绿色"一带一路"建设：进展、挑战与展望［J］.宏观经济管理，2022（8）：7-15.

［2］袁小康.科技创新注入"一带一路"合作新动能［EB/OL］.（2024-06-11）［2024-11-28］.http：//www.jjckb.cn/2024-06/11/c_1310777902.htm.

［3］石青川.共建"一带一路"，科技创新合作成果丰硕［J］.中国经济周刊，2024（17）：56-59.

［4］王焱.科技造福人类更需要开放合作［J］.中国报道，2024（10）：52-55.

［5］聂晓伟，潘小多，张卓颖，等.科技合作为共建"一带一路"注入新动能［J］.神州学人，2023（Z1）：33-37.

［6］推进"一带一路"建设工作领导小组办公室.坚定不移推进共建"一带一路"高质量发展走深走实的愿景与行动：共建"一带一路"未来十年发展展望［EB/OL］.（2023-11-24）［2024-11-28］.https：//www.gov.cn/yaowen/liebiao/202311/content_6916832.htm.

［7］王凯.新能源汽车电机技术标准化的挑战与对策［J］.中国标准化，2023（17）：83-87.

［8］魏澄荣."一带一路"国际科技合作模式和路径研究［J］.亚太经济，2017（6）：24-27.

［9］王蓉，王晓旭.应对"五眼联盟"技术竞争的对策建议［J］.科技中国，2024（5）：19-21.

［10］阮红芳.以思政课建设赋能新质生产力高素质人才培养

[EB/OL]. (2024-04-26) [2024-11-28]. https://xh.xhby.net/pc/con/202404/26/content_1321444.html.

[11] 雍黎, 何亮. 携手共建创新丝绸之路: 首届"一带一路"科技交流大会侧记 [EB/OL]. (2023-11-07) [2024-11-28]. https://www.stdaily.com/index/kejixinwen/202311/c49fe8a5c1d0450295305b2235af45c7.shtml.

[12] 许培源, 程钦良. "一带一路"国际科技合作的经济增长效应 [J]. 财经研究, 2020 (5): 140-154.

[13] 姜峰, 刘新吾. 开展深度交流 促进科技合作 [EB/OL]. (2023-11-08) [2024-11-28]. http://finance.people.com.cn/n1/2023/1108/c1004-40113241.html.

[14] 吴玉杰, 孙兰. "一带一路"科技创新共同体建设的合作模式与路径研究 [J]. 天津科技, 2020 (8): 5-8, 12.

[15] 赵宇飞, 胡喆, 周闻韬, 等. 共建创新之路 携手合作发展: 首届"一带一路"科技交流大会观察 [J]. 中亚信息, 2023 (9): 28-29, 31.

[16] 佚名. 深圳: 在高质量共建"一带一路"中勇当先锋 [EB/OL]. (2024-01-18) [2024-11-28]. https://www.yidaiyilu.gov.cn/p/06E0FHIO.html.

[17] 佚名. 全面融入共建"一带一路"各领域 务实合作迈上新台阶 [EB/OL]. (2024-01-17) [2024-11-28]. https://www.sztv.com.cn/ysz/zx/zw/79965859.shtml?1705494851075.

[18] 佚名. 深圳主动融入"一带一路"创新网络 [EB/OL]. (2024-02-02) [2024-11-28]. https://www.sz.gov.cn/cn/xxgk/zfxxgj/zwdt/content/post_11132665.html.

[19] 刘立平. 解码"一带一路"中的深圳作为: 科技振翼 [EB/OL]. (2024-01-23) [2024-11-28]. https://baijiahao.baidu.com/s?id=1788884381131552136.

[20] 程龙. 拓展发展空间 注入澎湃动能 [EB/OL]. (2023-10-22) [2024-11-28]. http://gd.people.com.cn/n2/2023/1022/c123932-40611932.html.

［21］华智超. 深港协同创新迎来黄金期按下"加速键"［EB/OL］.
（2023-10-12）［2024-11-28］. https：//www.sz.gov.cn/cn/xxgk/zfxxgj/
zwdt/content/post_10875893.html.

［22］佚名. 深圳知识产权多项指标居全国第一［EB/OL］.（2024-
04-26）［2024-11-28］. https：//www.sz.gov.cn/cn/xxgk/zfxxgj/zwdt/
content/post_11262351.html.

［23］佚名. 聚力创新，向制造强省跨越［EB/OL］.（2023-02-20）
［2024-11-28］. http：//gd.people.com.cn/n2/2023/0220/c123932-
40307470.html.

［24］佚名. 深圳与共建"一带一路"国家贸易蓬勃发展［EB/OL］.
（2023-10-23）［2024-11-28］. https：//commerce.sz.gov.cn/tzsz/yshjjc/
content/post_10902555.html.

［25］耿婷婷，赵一婧. 让科技强市更具"国际范儿"！青岛139家
国际合作基地成为对外合作"桥头堡"［EB/OL］.（2024-09-19）［2024-
11-28］. https：//news.qingdaonews.com/qingdao/2024-09-19/content_
23605751.htm.

［26］佚名.《2024年版全球创新指数（GII）》出炉 上海—苏州
科技集群蝉联第五［EB/OL］.（2024-08-29）［2024-11-28］. https：//
www.suzhou.gov.cn/szsrmzf/dstx/202408/c394c54a121b45ab8ba2eb0a6cc98
2cc.shtml.

［27］佚名.《中国区域科技创新评价报告2024》：京沪粤苏津浙名
列前六强［EB/OL］.（2024-09-08）［2024-11-28］. https：//www.
chinanews.com.cn/gn/2024/09-08/10282285.shtml.

［28］张瑜燕. 以上海科技创新合作为例，推动共建"一带一路"
高质量发展［J］. 华东科技，2023（5）：91-94.

［29］杜理涵，陈颖，孔纪予，等. 北京、上海国际科技合作模式
比较研究及对四川省的启示［J］. 商业经济，2022（2）：17-18.

［30］张仁开. 京沪深国际科技合作政策比较研究［J］. 科技智囊，
2022（9）：19-27.

［31］范晓，薛霞. 上海参与"一带一路"科技合作研究［J］. 青
海科技，2021（2）：16-20.

［32］严瑾，陈冰，陈浩，等．宁波口岸与共建"一带一路"国家贸易额创新高［EB/OL］．（2024-11-24）［2024-11-28］.http：//news.cnnb.com.cn/system/2024/11/24/030631903.shtml.

［33］佚名．60项浙江省推进"一带一路"建设成果清单公布［EB/OL］．（2023-11-22）［2024-11-28］.https：//www.sohu.com/a/738395471_121123888.

［34］王丽丽，张卓，李宇．"一带一路"交汇点建设的苏州经验［J］.甘肃科技纵横，2019（10）：68-70.

［35］佚名."苏州与'一带一路'：十年回顾与展望"研究报告发布［EB/OL］.（2023-08-26）［2024-11-28］.https://www.suzhou.gov.cn/szsrmzf/szyw/202308/0b9afe009ebe4123954ed2247ea036ac.shtml.

［36］佚名．苏州教育概况2024［EB/OL］.（2024-11-27）［2024-11-28］.http：//jyj.suzhou.gov.cn/szjyj/szjygk/wztt.shtml.

［37］吕敬兰．数据加密技术在计算机网络信息安全中的应用［J］.科技创新与应用，2024（18）：185-188.

［38］李玉璧，王兰．"一带一路"建设中的法律风险识别及应对策略［J］.国家行政学院学报，2017（2）：77-81.

［39］郑翔．"一带一路"对中国交通法律体系的挑战和对策［J］.中国经济报告，2017（6）：92-94.

［40］佚名．商务部等9部门联合发布18条"硬核"举措护航新能源汽车及其供应链企业"出海"［EB/OL］.（2024-02-07）［2024-11-28］.https：//baijiahao.baidu.com/s？id=17902311021 02863364.

［41］朱育晓，任光凌．近十年中国与"一带一路"沿线国家科研合作论文分析［J］.大学图书情报学刊，2019（6）：115-120.

［42］佚名．我国已和160多个国家和地区建立了科技合作关系［EB/OL］.（2023-02-24）［2024-11-28］.https：//baijiahao.baidu.com/s？id=1758687366381893450.

［43］蔡达．加强"一带一路"科技创新合作：重要意义与展望［J］.兰州大学学报（社会科学版），2024（4）：19-28.